셀렉트

셀렉트

단 하나의 선택지가 되어라

SELECT

100가지 트렌드
100가지 플랫폼
100가지 콘텐츠
⋮

**평균 실종 시대,
유일무이한 브랜드가 되는 법**

여병희 지음

기술이 아니라
감각으로 승부하라

'인간 구찌', '인간 샤넬', '킨포크 라이프'

지금은 쉽게 들을 수 있는 말이지만, 몇 년 전에는 누구도 이런 말을 쓰지 않았습니다. 저는 이 표현이 소비 패러다임의 변화를 단적으로 설명해 준다고 생각합니다.

예전에 브랜드는 단순한 소비 항목이었고, 명품 구매는 과시와 허영의 욕구를 충족하는 사치로 평가절하되곤 했습니다. 하지만 이제 모두가 브랜드로 자신을 설명합니다. 구찌를 구매한다고 하면 단순히 상품을 넘어 지금 구찌가 표방하는 이미지를 교환하는 것입니다. 《킨포크》로 서가를 장식하는 것은 《킨포크》의 슬로건인 자연 친화적인 슬로 리빙을 추구하겠다는 의지의 표현입니다.

따라서 "큰돈 주고 예쁘지도 않은 신발을 왜 사냐" 혹은 "읽지도 않는 잡지를 왜 돈 주고 사냐"라는 질문은 무의미합니다. 지금의 소비 활동은 트렌드와 가성비를 넘어선 영역, 즉 '브랜드 세계관'으로 설명됩니다. 품질이나 가격 경쟁으로 충분했던 과거와 달리, 브랜드의 정신과 가치, 감각과 취향이 모두 버무려진 세계관을 쌓는 것은 더 어려운 작업일 수 있습니다.

저는 15년 동안 롯데백화점에서 바이어로 근무했고, 지금은 굴지의 패션 회사에서 일하고 있습니다. 예나 지금이나 수많은 브랜드에 둘러싸여 있다는 점은 같습니다. 다양한 브랜드와 상품 사이에서 고객이 무엇을 구매할지 예측하여 들여오는 일을 하며 "어떻게 해야 선택받을 수 있나요?"라는 질문을 정말 많이 들었습니다.

답하기 어려운 질문이지만, 저는 비로소 세 가지 답변을 내릴 수 있게 되었습니다.

트렌드를 따르지 말 것

소비자의 니즈를 예측하지 말 것

수치를 보지 말 것

기존 브랜드의 바이블이자 공식과도 같은 것을 하지 말라고 하니, 많은 이들이 당황하거나 반발할 수도 있습니다. 하지만 100가지 유행, 100가지 콘텐츠, 100가지 플랫폼이 있는 지금, 어차피 트렌드는 하나로 정리될 수 없고, 소비자의 니즈는 너무나 다변화되었으며, 어제의 통찰과 분석은 오늘만 되어도 의미가 없어집니다.

저는 이 책에서 지금 선택받기 위해 필요한 일곱 가지 감각을 키우는 법을 소개하려 합니다.

SENSITIVITY 숫자가 아니라 감각이 차이를 만든다

CULTURE 브랜드로 자신을 설명하도록 하라

COMMERCE 평균 실종의 시대, 취향의 지형도를 그려라

DETAIL 사람들이 모르는 것부터 바꾼다

CLASSIC 트렌드보다 오래가는 것을 선택한다

LOCAL 지역과의 케미스트리를 활용한다

ATTITUDE 안목과 취향을 훈련한다

수많은 브랜드가 치열하게 경쟁하는 와중에도 어떤 브랜드 앞에는 긴 줄이 서고, 빛나는 재능을 지닌 수많은 이들 중에서도 유난히 주목받는 아티스트가 있으며, 같은 게시물을 올려도 더 많은 '좋아요'를 받는 인플루언서가 있습니다. 수치나 공식으로는 설명할 수 없는 이들의 섬세한 차이를 일곱 가지 키워드로 설명하고자 합니다.

이 책에서 소개하는 브랜드와 예술가, 인플루언서의 인사이트를 디딤돌 삼아, 궁극적으로는 여러분의 고유한 세계관과 크리에이티브를 쌓았으면 합니다. 다가올 '감각과 취향의 시대'는 위기가 될 수도, 기회가 될 수도 있습니다. 여러분의 반짝이는 아이디어와 콘셉트, 콘텐츠를 더 많은 이들에게 선보일 수 있길 바랍니다.

차례

1/7
SENSITIVITY
차이는 숫자로 만들어지지 않는다

2/7
CULTURE
브랜드로 자신을 설명하는 사람들

3/7
COMMERCE
100가지 유행이 공존하는 평균 실종의 시대

4/7
DETAIL
사람들이 모르는 것부터 바꾼다

5/7
CLASSIC
트렌드보다 오래가는 것을 선택한다

6/7
LOCAL
지역과의 케미스트리를 활용한다

7/7
ATTITUDE
안목과 취향을 훈련한다

SENSITIVITY :

차이는 숫자로
만들어지지 않는다

#감각 지능

#크리에이터

#'다름'의 시장

어떤 달력을 좋아하시나요?

상대의 취향을 파악하는 가장 간편한 방법은 어떤 우산과 수건, 달력을 가지고 있는지 물어보는 것입니다. 단색 우산일 수도, 명화가 프린트된 우산일 수도, 브랜드 로고가 박힌 우산일 수도 있겠죠. 호텔 침구가 연상되는 순백색 수건을 좋아할 수도, 시크한 느낌을 주는 회색 수건을 좋아할 수도 있습니다. 달력의 종류도 좋아하는 캐릭터가 그려진 것, 멋진 풍경 사진이 있는 것, 매일 떼어 쓸 수 있는 일력 등으로 다양합니다. 우리는 사소한 일상품도 각자의 취향에 따라 수많은 선택지 중 하나를 고를 수 있는 소비사회에서 살아가고 있습니다.

예전에는 우산과 수건, 달력은 사는 게 아니라는 인식이 강했습니다. 우산과 수건, 달력은 단체의 홍보를 위한 판촉물 혹은 경사를 축하하기 위한 기념품에 불과했습니다. 어느 집이든 새마을금고 달력과 환갑 기념 수건이 걸려있었습니다. 안목이나 취향보다는 편의성과 기능이 중요했으니 일상에서 쓰는 물건 중에는 예쁘거나 멋진 것이 거의 없었습니다.

그에 반해 저는 대학생 때부터 예쁜 것을 보면 주머

니 사정은 전혀 신경 쓰지 않고 일단 사고 보는 스타일이었습니다. 그래서 집에는 늘 불필요한 것과 '예쁜 쓰레기'라고 불리는 것이 넘쳐났죠. 하루는 제가 미술관에서 무척 인상적인 장우산을 하나 구입해 왔습니다. 바깥은 무광 검은색이지만 안쪽은 르네 마그리트의 구름 그림이 프린트된, 재치 있는 상품이었죠. 제 딴에는 우산이 참 예쁘다고 어머니에게 자랑했지만 핀잔이 돌아왔습니다. "부자는 자고로 우산, 수건, 달력 같은 것을 절대 돈 주고 사지 않는다"라는 것이 근검절약이 몸에 밴 어머니의 지론이었습니다.

하지만 요즘에는 우산, 수건, 달력만 해도 다양한 상품이 나와있습니다. 지금은 예전과 달리 불편하더라도 예쁜 것, 비싸더라도 내 취향과 맞는 것에 더 쉽게 지갑을 엽니다. 2020년대의 다이슨 선풍기가 1990년대의 금성 제품보다 시원하지 않고, 루이스폴센의 조명이 형광등보다 더 밝지는 않지만 큰 인기를 끄는 시대입니다.

기능적인 효용성보다는 날개 없는 선풍기를 출시한 다이슨의 혁신적인 디자인에 열광해서 에어 멀티플라이어Air Multiplier TM를 구매하고, 수십 년간 빛을 설계해 온 루이스폴센의 유려한 디자인이 좋아서 지갑을 엽니다. 기능성보다는 심미성을 중심에 두고 일상의 모든 순간을 좋아하는 제품으로 채워나가는 생활 방식이 일반화되고 있습니다.

언젠가부터 '취향', '안목', '감성', '감각'과 같은 단어가 다양한 곳에서 쓰이고 있습니다. 더 나아가 이러한 단어들이 단순히 개인의 만족이라는 영역에 국한되지 않고, 다양한 산업 분야에서 적극적으로 활용되고 있습니다. 스타트업에서도 신규 투자 유치를 위해 새로 개발한 애플리케이션의 이용자 수보다도 어떤 취향을 지닌 고객이 열광하고 있는지에 대한 인터랙션 데이터를 더 강조하는 실정입니다.

대중의 취향은 점점 더 날카롭고 예민해지고 있습니다. 편의성과 기능이 전부라고 생각되었던 분야에서조차 미감과 감성을 적극 고려합니다. 이를테면 예전에 집에서 전등을 켜고 끄는 스위치는 기본 옵션으로 충분했지만, 지금은 독일제 융Jung 스위치를 달기 위해 귀찮은 해외 배송까지 불사하고, 비싼 가격을 지불하여 전문 인테리어 회사에 시공을 의뢰합니다.

사무실에서 사용하기 위해 평균보다 스무 배 이상 비싼 고가의 키보드를 구매하고, 키보드를 두드릴 때의 느낌, 즉 키감을 전문적으로 리뷰하는 유튜버도 생겨났습니다. 다양한 분야에서 과거에는 미처 생각하지 못했던 수준의 깊이 있는 논의와 논쟁이 일어나는 중입니다.

여느 때보다 예민하고 민감한 소비자를 상대하고 만족시키기 위해서는 결국 조직 구성원 개개인이 안목을 훈련해야 합니다. 이제 대다수가 우산도 색깔이 예쁜 것을 고르고, 수건도 욕실 인테리어를 고려해서 구입하고, 달력도 좋아하는 작가의 그림이 그려진 것을 선물하는 시대이니 말입니다.

그렇다면, 선택받는 브랜드기 되기 위해선 무엇이 중요할까요?

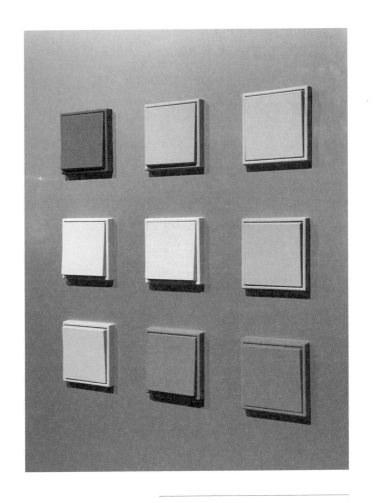

다양한 색상의 선택지가 마련된 융 스위치

편의성과 기능이
전부라고 생각했던 분야에서도
미감과 감성이 중요해졌다.

예민하고 민감한 대중을
사로잡기 위해서는
조직 구성원 개개인이
안목을 훈련해야 한다.

수치를 분석하면 잘할까?

인수 합병을 통한 외형의 성장이 중요하고 자기자본 이익률Return On Equity, ROE과 투자자본수익률Return On Investment, ROI 등의 지표로 기업 경영을 평가하는 경영학에서 데이터와 수치는 가장 중요한 지표입니다. 경영학의 아버지라 불리는 피터 드러커Peter Drucker는 "수치화할 수 없으면 관리될 수 없고, 관리되지 않으면 개선할 수 없다"라고 이야기했습니다.

저 또한 그의 책을 읽으며 경영학에 심취했던 시기가 있었습니다. 회사 생활 초반까지도《서울대 최종학 교수의 숫자로 경영하라》를 밑줄 치며 읽었고, 주식도 하지 않는 제가 단순히 회계를 공부해야겠다고 생각해《회계 천재가 된 홍대리》로 대표되는 교양 회계 입문서도 빼놓지 않고 탐독했습니다.

그런데 언젠가부터 경영학이란 무척 결과론적인 학문이라는 생각이 들었습니다. 블루오션, 블랙스완, 티핑 포인트, 롱테일의 법칙 등 그럴듯한 용어를 다양한 사례를 들어 소개하지만, 어떻게 하면 좋은 서비스를 제공하고 감각적인 제품을 만들 수 있을지에 대해서는 결코 친절하게 설명해 주지 않았기 때문입니다.

　바이어로 수입 편집숍을 운영할 때, 매 시즌 브랜드
별 매출과 소진율 등 각종 수치를 참고했지만 낭패를 보
는 경우가 많았습니다. 오히려 데이터를 상세하게 검토
하는 것이 독이 되곤 했습니다. 지난 시즌에는 많이 판매
됐던 클러치가 한 시즌 만에 재고로 쌓이기도 했고, 반대
로 지난 시즌에는 좀처럼 팔리지 않아서 예산을 줄였던
브랜드가 한 시즌 만에 베스트셀링 아이템이 되어 물량
확보에 애를 먹기도 했습니다.

　심지어 과거 사례 중심의 경영학은 미래를 예측하는
적중률 또한 매우 낮았습니다. 경영학의 바이블로 불렸
던 수많은 베스트셀러를 쓴 짐 콜린스Jim Collins가 대표적
입니다. 그는 2001년《좋은 기업을 넘어 위대한 기업으
로》에서 위대한 기업 11개를 선정, 다양한 데이터를 동
원하여 성공 비결을 분석합니다. 하지만《괴짜 경제학》
으로 유명한 스티븐 D. 레빗Steven D. Levitt은 7년 후 글로벌
금융 위기에 직면해 짐 콜린스가 선정한 대다수의 기업
이 S&P 500 지수에서 평균 이하의 성적을 보이고 있음을
지적합니다. 특히 짐 콜린스가 위대한 기업으로 지목했
던 패니 메이Fannie Mae는 구제 금융을 받아야 했으며, 그의
말을 듣고 투자했다면 80퍼센트의 손해를 보았을 것이

라 비판합니다.

밥 루츠Bob Lutz는 50년 가까이 자동차 산업에 종사하며 제너럴모터스를 거쳐 BMW 부회장, 포드 부회장, 크라이슬러 부회장을 역임한 신화적인 존재입니다. 그는 2011년 《카 가이즈 vs 빈 카운터스Car Guys vs. Bean Counters》를 출간했는데, 여기서 카 가이즈란 자동차 애호가 혹은 현장에서 차를 만드는 사람을 뜻하며, 빈 카운터스는 한국어로 직역하면 '콩 세는 사람들'을 의미합니다. 빈 카운터스라는 표현은 숫자와 데이터로 의사를 결정하는 경영자들을 비판하기 위해 그가 직접 만든 것입니다. 그는 책에서 비용 절감과 이윤 극대화 전략 끝에 2009년 파산 보호 신청을 하기에 이른 제너럴모터스의 사례를 언급하며, 직접 지켜본 숫자 놀음꾼들의 실패를 적나라하게 폭로합니다.

당시 경영진은 수치 중심의 조직 운영에 집착한 나머지 디자인 프로세스를 망가뜨리고 예술적 감각과 창의적 문제 해결 프로세스를 축소했는데, 이로 인해 제너럴모터스는 글로벌 금융 위기 때 큰 위험에 처했습니다. 미국 역사상 네 번째로 큰 파산 규모로, 결국 500억 달러의 정부 지원을 받고 한동안 미국 증시에서 사라져야 했습니다.

오래되고 극단적인 예시이기는 하지만, 실제로 많은 기업에서 수치적 성과와 비용 절감에만 집착하고 고객이 좋아하는 제품과 서비스에 대한 투자는 등한시한 결과 시장에서 퇴출되는 경우를 종종 봅니다.

특히 지금과 같이 기술 발전이 일정 수준에 이르러 대다수 기업이 뚜렷한 기능과 성능 차이를 만들어내기 힘든 경우, 감성적인 터치를 통해 차별화하는 수밖에 없습니다. 약국에 갈 때도 매장이 예쁘면 기분이 좋아져 자주 가게 되고, 읽기 위해서가 아니라 꽂아두면 예쁠 것 같아 책을 산 적이 있지 않은가요? 왜 카페에서는 아무도 읽지 않는 《킨포크》로 서가를 장식하는 것일까요? 이는 제품의 기능적인 성능 못지않게 개인적인 기호의 충족과 감성적인 만족감이 중요하기 때문입니다.

왜 사람들은 스마트폰에 카메라 렌즈가 두세 개씩 달려있는데도 굳이 무겁고 불편한 라이카 미니룩스나 콘탁스 T2와 같은 필름 카메라를 100만 원 넘게 주고 사는 것일까요? 왜 핸드폰에 시계가 있는데도 굳이 팔목에 오토매틱 손목시계를 차는 것이며, 왜 스트리밍으로 음악을 간편하게 들을 수 있는데도 굳이 레코드판을 구입해서 턴테이블로 듣는 것일까요? 지금의 소비 동향은 효율성이나 편리성보다는 취향의 영역에서 설명 가능합니다.

　　모든 조건이 같다면 앞으로는 취향과 안목이 있는 개인이 조직에서 경쟁력을 갖추게 될 것이고, 감성과 감각으로 무장한 브랜드만 남게 될 것입니다. 불확실한 시대일수록 수치와 데이터로 설명되는 논리적이고 이성적인 영역보다는 아름다운 결과물을 만들고 새로운 것을 창조해 내는 감성적인 영역이 사람들의 마음을 움직이고, 설득력을 지니기 마련입니다.

숫자와 데이터로 의사를 결정하는
'콩 세는 사람들'의 시대는 끝났다.

취향과 안목,
감성과 감각으로 무장한 브랜드만이
살아남을 것이다.

지식이 많으면 잘할까?

고백하자면 새해만 되면 '일 년에 책 백 권 읽기'와 같은 목표를 세우고, 리스트를 만들어 책을 폭식한 시기가 있었습니다. 덕분에 디자인, 패션, 건축 등 다양한 분야를 두루 공부할 수 있었죠. 어느 정도 기본기를 습득한 뒤에는 각 분야 사람들이 모이는 모임에 일부러 자주 참석하면서 저의 지식을 쏟아내려 했습니다. 그땐 모든 디자이너가 헬베티카와 푸투라 정도는 당연히 구분할 것이라 생각했고, 김환기와 이우환의 그림은 당연히 알며 단색화 작가들의 계보를 꿰고 있을 것이라 생각했어요.

이것이 초심자의 편견이었다는 사실을 시간이 지나고 나서야 깨달았습니다. 아무리 패션 분야에서 일한다고 해도 남성복 바이어라면 여성복 브랜드인 셀프 포트레이트Self Portrait를 모를 수 있고, 반대로 여성복 바이어라면 남성복 브랜드인 바라쿠타Baracuta를 모를 수 있죠. 그래픽 디자이너라면 건축가인 르코르뷔지에Le Corbusier를 모를 수 있고, 반대로 건축가는 산업 디자이너 조너선 아이브Jonathan Ive를 모를 수 있습니다. 중요한 것은 이런 지식을 많이 안다고 해서 일을 잘하거나, 모른다고 해서 일을 못하는 것이 아니라는 점입니다. 저는 이를 깨닫기까지 꽤 오랜 시간이 걸렸던 것 같습니다.

　예전의 저와 같이 많이 아는 데 집착하는 것은 초심자에게서 종종 보이는 실수입니다. 제도권 교육에 익숙한 사람들이 공통적으로 지니는 선입견이기도 합니다. 이들은 기본적으로 교과서 지식을 남들보다 조금 더 아는 게 중요하다고 믿고, 많이 외우면 더 실력 있어 보인다고 생각합니다. 하지만 사실 더 많이 외우고 더 많이 아는 것은 일정 부분 자기만족에 불과하며, 현장에서는 결과물로 말하고 실력으로 증명합니다. 지식과 정보의 양이 실질적으로 중요한 학문 분야라면 모를까, 뭘 더 많이 외우고 안다고 떠들어봤자 시간 낭비일 따름입니다.

　크리에이티브 분야에서는 자신의 색깔과 느낌을 깊이 있게 발전시켜 온전히 자신의 것으로 완성해 나가는 일이 중요합니다. 그래서 각자가 잘하는 분야에 특화되어 있고, 관심이 없는 분야에 대해서는 잘 모르는 경우가 의외로 많습니다. 용산 아모레퍼시픽 사옥을 설계한 세계적인 건축가 데이비드 치퍼필드David Chipperfield에게 한옥의 역사와 현대성에 대하여 물어본다면 어떤 답변을 기대할 수 있을까요? 피아니스트 조성진에게 인기 있는 케이팝 가수의 뮤직비디오에 대한 감상을 물어보면 뾰족한 답변이 나올까요?

다시 한번 강조하자면, 더 많이 알고 외우는 것보다는 자신의 느낌을 얼마나 완성도 있고 깊이 있게 타인에게 전달할 수 있으며 시장에서 높게 평가받느냐가 훨씬 더 중요합니다. 물론 종사하고자 하는 분야의 역사를 이해하고 용어를 숙지하는 최소한의 기본기는 필요합니다. 하지만 일정 수준 이상이 되면 자신에게 맞는 감각과 취향을 계발하는 데 시간을 투자하는 것이 낫습니다.

트렌드를 알면 잘할까?

트렌드 관련 정보를 병적으로 수집하는 부류가 더러 있습니다. 트렌드에 뒤처지지 않으려 강연을 듣고, 수시로 피드를 업데이트하고, 사람들을 만나 이야기를 듣죠. 물론 남들보다 하나라도 먼저 알기 위해 노력하고 트렌드를 파악하는 것은 감각을 키우는 데 도움이 됩니다. 하지만 그렇다고 해서 반드시 훌륭한 결과물을 만들어낼 수 있는 것은 아닙니다.

깊이 없고 휘발성 높은 양산형 콘텐츠를 강박적으로 소비하는 것보다 스스로에게 감동과 울림을 주는 콘텐츠를 접하는 일이 중요합니다. 트렌드는 하루하루 가볍게 본다고 해서 도움이 되는 것이 아니라, 오랜 기간 꾸준히 서칭하고, 데이터가 누적되어야 실전에서 활용할 수 있습니다. 결과적으로 자신에게 특화된 고유한 콘텐츠가 무엇인지 아는 것과 장기간 누적된 트렌드에 대한 데이터베이스라는 두 가지 요소가 조화롭게 발달해야 기존 콘텐츠를 잘 활용하여 현업에서 새로운 결과물을 만들 수 있습니다.

이는 마치 운동선수가 무산소 트레이닝으로 근력을 발달시키는 동시에 민첩성을 기르기 위해 줄넘기를 하는 것과 같습니다. 새로 론칭한 브랜드의 홈페이지를 방문하고, 핫하다는 공간을 앞서 경험하는 노력도 분명 필요합니다. 하지만 근력이 전혀 없는 상태에서 줄넘기만 열심히 한다고 훌륭한 운동선수가 될 리 만무합니다.

이를테면 2021년 스타일 커머스 플랫폼인 지그재그가 윤여정을, 2022년 설화수가 블랙핑크의 로제를 모델로 기용했다는 단편적인 뉴스만 보고서는 의미 있는 시사점을 찾아내 현업에 적용하기 어렵습니다. 최근 브랜드가 처한 상황, 브랜드가 추구하는 이미지, 국내 브랜드의 마케팅 사례 등을 종합적으로 이해해야만 하나의 거대한 흐름을 읽어낼 수 있습니다.

젊은 층을 타깃으로 하는 플랫폼인 지그재그가 70대 배우인 윤여정을 모델로 파격적인 광고를 선보인 반면, 비교적 높은 연령대가 사용하는 화장품으로 여겨지던 설화수는 젊은 층에서 인지도가 높은 로제를 내세웠습니다. 여기에는 고객층을 확장하고 새로운 가치를 보여주겠다는 브랜드의 의지가 담겨있습니다. 지그재그는 쇼핑 애플리케이션이 어린 연령층의 전유물이 아니라는 사실을 알리는 한편, 기존 타깃 고객에게는 패션도 삶도 시행착오를 겪으며 스스로 어울리는 것을 찾아나가야 한다는 메시지를 효과적으로 전달했습니다. 설화수는 전 세계의 2030 고객을 공략하는 글로벌 리브랜딩을 단행했습니다. 연령대뿐만 아니라 다양성을 확장하기 위해 노력하며 다양한 인종의 모델을 섭외한 것도 같은 맥락에서 이해할 수 있습니다.

통시적이고 복합적인 정보를 기반으로 하되, 여기에 자신의 느낌 한 방울을 더하여 해석해야 비로소 트렌드를 실용적으로 활용할 수 있게 됩니다. 뉴스와 트렌드에 지나치게 의존하여 세컨드 러너가 되거나 카피캣을 만드는 것은 지양해야 합니다. 다만 초기에 레퍼런스를 참고하는 것은 중요합니다. 참조를 통한 창조가 반복되어야 일정한 수준에 이를 수 있고, 그래야 비로소 자신의 경험과 재능, 취향이 종합된 온전한 자신의 것을 만들게 되는 것입니다.

트렌드를 파악하는 것과 함께 소비자 조사 또한 중요한 항목으로 받아들여집니다. 서베이나 집단 심층 면접 Focus Group Interview, FGI을 통해 얻은 다양한 리포트와 전문가들의 분석이 담긴 아티클을 누구나 접할 수 있는 시대입니다. 대부분의 브랜드가 어떤 고객이 무엇을 하며 지내는지 파악하여 마케팅에 활용합니다. 세대별 주요 검색어와 특징을 파악하면 보다 수월하게 타깃을 공략할 수 있습니다.

그런데 최근 시장을 선도하는 마케팅 그룹을 보면, 반드시 시장조사와 컨설팅을 통해 소비자를 파악해서 광고물을 만드는 것은 아니라는 사실을 알 수 있습니다. 그보다는 오히려 난해할 정도로 색다른 접근법을 시도합니다. 젊은 감독과 스튜디오가 낯선 내러티브와 전에 본 적 없는 새로운 감각을 선보이고, 전문가조차 도통 이해할 수 없는 결과물을 경쟁적으로 내놓고 있습니다.

철저한 고객 분석을 바탕으로 폐부를 찌르는 인사이트보다, 영상의 미감이나 촬영 기법, 배꼽을 잡는 유머가 시대에 걸맞은 코드일 수 있습니다. 애플, 리바이스, 버버리의 캠페인을 만든 프랑스의 스튜디오 메가포스Mega-force나 휘슬러와 헤라, 탬버린즈의 광고 작업물로 많은 사람들을 놀라게 했던 유광굉 감독, 기존 광고의 문법을 거부하는 신우석 감독의 돌고래유괴단 등을 보면 과연 이들이 트렌드를 파악하고 면밀하게 고객 분석을 한 뒤 콘텐츠를 제작했을까 의심하게 됩니다.

다양한 인종의 모델이 중력에 맞서 미지의 존재를 탐험하는 버버리 광고는 생경한 느낌을 주며, 탬버린즈 광고는 다양한 장르가 섞인 초현실적인 분위기를 자아내 향수 광고가 아니라 한 편의 예술영화 같다는 평가를 받았습니다. 웹 드라마인지 브랜디드 콘텐츠인지 쉽게 파악할 수 없는 돌고래유괴단의 광고는 새로운 장르를 개척했다는 평가를 받고 있습니다.

이들은 타깃과 트렌드, 시장 동향을 분석하는 것보다는 제품의 특성과 감성, 이미지에 훨씬 더 무게중심을 두고 있는 것으로 보입니다. 마케팅 전략을 수립할 때 트렌드와 고객의 요구를 잘 반영해야 한다는 데는 동의하지만, 지금은 분석만큼이나 감각과 직관이 중요한 영향력을 미칩니다.

무엇보다 소비자는 브랜드가 그들이 기존에 필요로

했던 것을 넘어 새로운 필요를 발굴할 때 열광합니다. 자동차부터 개인용 컴퓨터, 스마트폰까지 인류의 삶을 바꾼 혁신적인 발명품은 생각지도 못한 의외의 필요에서 출발한 것들이었습니다. 스티브 잡스는 다음과 같이 말한 적이 있습니다.

> "포커스 그룹을 바탕으로 제품을 디자인하는 것은 정말 어렵습니다. 많은 경우 사람들은 제품을 보여주기 전까지는 자신이 원하는 것이 무엇인지 모릅니다."

메가포스의 버버리 캠페인

난해한 광고는 어떻게 소비자의
이목을 사로잡는가?

트렌드 파악과 고객 분석 이상으로
감각과 직관이 중요하다.

금융 지능, 감성 지능, 그리고 이제 감각 지능

한때는 지능 지수인 IQ가 성공을 가늠하는 척도였습니다. 저 또한 어릴 때 학교에서 IQ 테스트를 받았는데, 그리 높지 않아서 실망했던 기억이 있어요. 그 뒤로도 변화하는 시대에 따라 금융 지능인 FQ, 감성 지능인 EQ 등 다양한 지표가 줄줄이 소개되었습니다.

지금은 감각 지능Sense Quotient, 즉 SQ가 중요한 시대입니다. 다양한 제품과 서비스 중에서 예쁜 것, 고급스러운 것을 선택할 수 있는 능력이 영어나 엑셀을 다루는 능력과 같이 사회생활에 필요한 기본적인 소양이 되어가고 있습니다.

감성과 감각을 훈련하는 일은 사회적으로 성공을 거두게 해줄 뿐만 아니라 개인적인 삶을 윤택하게 만들어줍니다. 독일 출신의 미술 작가인 카타리나 그로세Katharina Grosse는 미적 감각에 대해 "삶을 좀 더 풍부하게 만들 수 있도록 도와주는 일종의 지능"이라고 설명한 바 있습니다.

하지만 애석하게도 감각 지능은 계량화하거나 수치화하기 어려운 요소입니다. 토익이나 컴퓨터 활용 능력과 같은 시험이 있는 것도 아니라, 누가 훌륭하고 조악한

지를 객관적으로 평가할 수도 없습니다. 그럼에도 브랜드 이미지와 제품의 경쟁력을 높이는 데 결정적인 영향을 미칩니다.

대표적으로 현대카드의 세련된 이미지는 연회비와 포인트 이상으로 소비자에게 어필하는 요소입니다. 현대카드는 신용카드에 '혜택'이라는 요소 이외에 '디자인'이라는 요소를 가미해 사용자들의 취향을 충족하며 론칭 초반부터 빠르게 성장해 나갔습니다. 혜택을 조금씩 다르게 하여 종류를 복잡하게 나눈 기존 신용카드와 달리, 현대카드는 신용카드의 종류를 알파벳 이니셜을 딴 M, X, Z, 세 가지로 단순화했고, 색깔을 통해 직관적으로 등급을 나누었습니다.

마찬가지로 전자제품을 구매할 때도 성능이나 가격이 절대적인 기준이 되지는 않습니다. 대표적으로 삼성전자는 라이프스타일 텔레비전인 더 세리프The Serif를 출시해 벽에 타공을 하지 않고 네 개의 지지대로 세워 텔레비전을 하나의 작품처럼 연출할 수 있도록 했습니다.

과거에 신용카드와 텔레비전을 선택하는 기준이 혜택과 화면 크기로 한정되었다면, 지금은 카카오 캐릭터가 귀여워 카카오뱅크 카드를 발급받고, 복잡한 케이블을 숨긴 마감과 세리프의 선을 모티브로 한 측면의 디자인을 보고 텔레비전을 구매합니다. 에너지 효율이 좋은 조명으로 방을 밝게 하는 것이 아니라 취향에 맞는 디자인의 무드등으로 공간을 꾸미려고 합니다. 무조건 싸고 양이 많은 식당이 아니라 예약 대기를 걸고 수십 분을 기다리더라도 새로운 맛을 경험할 수 있는 곳, 사진이 잘 나오는 멋진 곳을 찾습니다. 사무실 책상도 일하는 데 필요한 실용적인 물건을 배치하는 것을 넘어, 데스크테리어(책상desk과 인테리어interior의 합성어로, 책상 주변을 인테리어 소품과 가구로 꾸미는 것)의 대상이 되었습니다. 이제 많은 직장인이 사비를 들여서라도 키보드와 마우스의 색깔을 맞추고, 책상 위에 작은 반려 식물을 놓곤 합니다. 사무실 의자도 인체 공학적 설계의 기능성 의자가 아니라 디자인 체어를 두어 감성을 자극하기도 합니다.

오늘날 우리가 오프라인에서 경험하는 대부분의 공간이 평균적으로 많이 훌륭해졌습니다. 김밥을 파는 분식점이나 손톱을 다듬는 네일숍, 땀을 흘리며 운동을 하는 헬스장조차 경쟁적으로 인테리어에 투자하고 있습니다. 5,000원짜리 커피를 마시더라도 100만 원짜리 의자와 1000만 원짜리 스피커로 꾸민 곳, 1만 원짜리 티셔츠를 사더라도 이탈리아 대리석과 빈티지 조명으로 스타일링된 곳을 찾는 시대입니다. 이제는 옷으로 자신을 잘 표현하고, 효과적인 디자인으로 스스로를 소개하는 홈페이지를 만들고, 자신만의 플레이리스트가 있고, 새로 오픈한 멋진 편집숍이나 유명한 와인 바를 아는 사람이 인정받게 될 것입니다.

IQ Intelligence Quotient   지능 지수
FQ Financial Quotient   금융 지수
EQ Emotional Quotient   감성 지수

:

SQ Sense Quotient   감각 지수

당신에게 브랜드란 무엇인가

'인간 구찌', '인간 샤넬'과 같은 표현을 한 번쯤 들어보았을 것입니다. 특정 브랜드의 옷을 잘 소화하는 사람들에게 어김없이 붙는 수식어입니다. 예전에는 누구도 사용하지 않았던 이런 표현은 지금 시장의 분위기를 압축적으로 설명합니다.

2023년 미국 CNBC는 "2030년까지 젊은 세대가 전 세계 명품 매출의 80퍼센트를 담당할 것"이라는 세계 3대 컨설팅 업체 중 하나인 베인앤드컴퍼니의 보고서를 소개했습니다. 보고서는 더 나아가 2023년에는 Z 세대와 알파 세대의 명품 소비 비중이 3분의 1에 다다를 것으로 전망했습니다. 명품 구매 연령대는 점점 더 낮아지고 있고, 10대도 돈을 모아 명품을 산다는 소식도 어렵지 않게 접할 수 있습니다. 직업도, 돈을 벌 수 있는 방법도 다양해졌습니다. 피팅 모델이나 인플루언서, 크리에이터, 아이돌 그룹 등 젊은 층도 다양한 방식으로 돈을 벌어 소위 '영 앤드 리치'로 주목받으며 소비시장의 큰손으로 부상했습니다. 한동안 젊은 유튜버들이 명품 쇼핑을 한 후 언박싱을 하는 영상이 유행하기도 했습니다.

이들을 공략하기 위해 명품 브랜드들은 젊고 새로운

마케팅을 시작하고 있습니다. 아이돌 그룹이 데뷔와 동시에 명품 브랜드의 협찬을 받는 것은 이 때문입니다. 같은 이유로 보테가 베네타, 루이 비통 같은 브랜드도 기존 명품 브랜드가 공략하던 청담동이 아닌 10~20대가 즐겨 찾는 성수동에서 래핑 광고를 하거나 팝업 스토어를 진행하고 있습니다. 동대문 DDP에서는 유명 브랜드의 전시가 수년째 이어지고 있으며, 2022년 디올은 이화여자대학교에서 글로벌 패션쇼를 열었습니다.

많은 브랜드가 점점 더 젊고 친근해지기 위해 일련의 변화를 시도하는 것은 비단 한국만이 일은 아닙니다. 오프화이트는 2017년과 2018년 나이키와 협업해 10대의 스니커즈 디자인을 재해석하는 더 텐The Ten 시리즈를 출시해 화제를 모았고, 구찌는 2021년에는 노스페이스, 2022년에는 아디다스와 컬래버레이션을 진행했습니다.

지금 젊은 세대는 보다 창의적인 것에 매력을 느끼고, 브랜드를 자신과 동일시합니다. 그래서 SNS 계정에 해시태그를 달아 자발적으로 광고하고, 브랜드를 홍보하는 전시에 가기 위해 예약하는 것을 마다하지 않으며, 구찌나 디올 등의 브랜드가 운영하는 카페나 레스토랑을 방문해 인증숏을 찍습니다.

많은 브랜드가 젊은 세대와 눈높이를 맞추기 위해 기존과 다른 새로운 접근법을 끊임없이 시도하고 있습니다. 브랜드로 자신을 설명하는 사람들을 과시나 허영으로 평가절하할지, 새로운 창작과 생산의 형태로 이해할지 선택하는 건 여러분의 몫입니다. 그리고 여기서 변화가 생깁니다.

출신 성분이 중요했던 디자이너의 시대

구찌, 샤넬, 발렌티노, 발렌시아가, 생 로랑…. 백화점에서 쉽게 만나볼 수 있는 이들 명품 브랜드는 각기 콘셉트도 국적도 각기 다르지만 흥미로운 공통점이 하나 있습니다. 그것은 브랜드가 생길 당시 옷을 만든 디자이너의 이름이 바로 브랜드 이름이라는 점입니다.

대수롭지 않게 생각할 수도 있지만, 젠틀몬스터, 아더에러, 메종키츠네같이 비교적 최근 생겨난 브랜드의 이름을 떠올리면 그 차이점을 쉽게 알 수 있습니다. 심지어 이들 브랜드명은 도대체 무슨 의미인지 쉽게 파악할 수 없는 경우가 대다수입니다.

명품 브랜드들이 처음 비즈니스를 시작한 20세기 초

반에는 아틀리에atelier라 불리는 소규모 공방에서 약 열 명의 조수와 함께 자신의 이름을 내걸고 옷을 만들었습니다. 그러다 점차 유명해지면서 자본의 투자를 받고 지금과 같은 큰 규모의 회사로 자리 잡은 것입니다. 그럼에도 소규모 공방의 형태라는 특수성과 자신의 이름을 걸고 만들어야 하는 의류 제조업의 고유성, 시간이 지날수록 쌓여가는 명성과 헤리티지로 인해 브랜드의 정체성이 디자이너로 고착화된 것이라 볼 수 있습니다.

명품 브랜드가 아니더라도 패션 브랜드 중에는 디자이너 이름을 브랜드명으로 쓰는 경우가 꽤 많습니다. 아메리칸 캐주얼을 대표하는 랄프 로렌과 타미힐피거, 일본의 이세이 미야케나 영국의 바버가 이러한 사례입니다. 한국에서도 1980년대 한혜자, 박항치, 최복호, 신장경, 설윤형, 진태옥 등 자신의 이름을 브랜드명으로 쓰는 경우가 많았습니다. 그만큼 디자이너 개인의 취향이나 성향이 제품에 많이 반영된다는 방증일 것입니다.

디자이너의 이름과 함께 출신이나 지역도 무척 중요했습니다. 초기의 패션 산업은 제조업 관점에서 다루어졌습니다. 직물을 기반으로 패턴사, 재단사같이 공정이 분업화하는 과정에서 의류 생산 기술이 발달했고, 필연적으로 훌륭한 인프라와 높은 소비력을 갖춘 도시에서 패션 산업이 성장했습니다.

그래서 4대 패션 위크도 런던, 파리, 뉴욕, 밀라노와 같은 대도시에서 열렸고, 국내에 론칭했던 수많은 패션 브랜드도 로고 아래 파리, 런던, 뉴욕 등의 도시명을 영문으로 쓰는 게 유행했습니다. 지금은 사라졌지만 미치코 런던Michiko London이나 나인식스뉴욕96NY같이 아예 브랜드명에 도시명을 넣기도 했습니다.

이처럼 이 시기 하나의 브랜드에는 대체로 한 명의 페르소나가 있었고, 하나의 상징적인 로케이션이 있었습니다. 비용을 절감하기 위해 제품은 중국과 베트남의 아웃소싱 전문 공장에서 만들지언정 브랜드의 아이덴티티는 뉴욕과 밀라노를 지향했습니다. 브랜드가 상징하는 아메리칸드림이 중요했고, 이탈리아 장인의 느낌이 중요했기 때문입니다.

어느 지역의 누가 만들었느냐가 중요했고, 원단, 패턴, 봉제가 산업의 중심이었던 21세기 이전은 디자이너의 시대였다고 할 수 있습니다.

콘셉트가 중요해진 디렉터의 시대

21세기에 들어서면서 디자이너가 아닌 디렉터가 영향력을 행사하기 시작합니다. 디자이너가 옷을 만든다면 디렉터는 콘셉트를 만드는 사람입니다. 의복이 대량생산되기 시작하고, 글로벌 시대가 다가오면서 패션은 제조업이 아니라 마케팅의 영역에 가까워졌습니다. 이제 디자이너는 더 싸고 빠르게 만드는 것이 아니라, 더 차별화해서 비싸게 만드는 것으로 경쟁해야 했습니다.

이 시기 1세대 디자이너 창립자들이 사망하며 아틀리에를 다른 사람이 맡아 운영하게 되는데, 여기서부터 서구 사회의 전문 경영인 제도가 도입됩니다. 도제식으로 운영하던 디자이너 브랜드의 전반적인 운영권을 자녀가 아닌 전문 경영인에게 물려주는 것입니다. 물론 프라다처럼 창립자의 자녀가 브랜드를 맡는 경우도 있지만, 다른 브랜드의 디렉터가 부임하는 경우가 압도적으로 많았습니다.

예를 들어 패션계의 신화적 존재인 칼 라거펠트Karl Lagerfeld는 발망에서 근무하다 클로에의 수석 디자이너를 거쳐 이후에는 펜디와 샤넬의 디렉터가 됩니다. 비슷한 시기에 활약했던 이브 생 로랑Yves Saint Laurent은 갓 사회생활을 시작한 21세에 디올의 디렉터가 되어 디자이너로서의 정체성을 완성하고, 지금의 생 로랑을 창립했습니다. 디올의 색깔은 이후 지안프랑코 페레Gianfranco Ferré, 존 갈리아노John Galliano, 에디 슬리먼Hedi Slimane, 라프 시몬스 Raf Jan Simons 등을 거치며 또다시 크게 변화합니다.

1980년대 일본의 거품경제부터 이어진 아시아 시장에서의 명품 산업 호황에 힘입어 LVMH와 케링Kering 그룹이 이탈리아와 프랑스의 유명한 브랜드를 꾸준히 인수하면서 디렉터 제도는 산업 전반으로 확대되었습니다. 그리고 1990년대에 디렉터들이 명품 브랜드를 성공적으로 이끌며 디렉터 제도가 보편화됩니다. 이 시스템의 장점은 브랜드의 헤리티지는 유지하면서도 시대의 흐름에 맞춰서 새로운 콘셉트와 디자인을 선보일 수 있다는 것입니다.

디렉터 운영의 핵심은 디렉터에게 브랜드 운영에 대한 전권을 위임한다는 데 있습니다. 셀린느Celine의 디렉터 피비 필로Phoebe Philo의 뒤를 이어 취임한 에디 슬리먼은 기존 셀린느의 인스타그램 이미지를 모두 삭제했습니다. 오늘날 패션 브랜드에 인스타그램이라는 채널이 얼마나 중요한지 생각해 보면 이러한 결단이 얼마나 큰 모험이었는지 알 수 있습니다. 그는 디렉터가 된 후 브랜드 명을 이브 생 로랑에서 생 로랑으로 바꾼 주인공이기도 합니다. 마찬가지로 2023년 다니엘 리Daniel Lee도 버버리의 디렉터로 부임하자마자 기존 소셜미디어 게시물을 모두 지우고, 로고까지 변경했습니다.

삼정KPMG 경제연구원은 넷플릭스의 성공 비결을 창작자에게 무제한에 가까운 전권을 위임했기 때문이라고 분석한 바 있습니다. 디렉터 시스템은 계속 확대 적용되고 있습니다. 요즘 디렉터 내지는 크리에이티브 디렉터라는 직함을 가진 이들을 자주 볼 수 있는데, 모두 1990년대부터 내려온 방식이라고 할 수 있습니다. 하지만 시간이 흐르면 시대는 바뀌는 법, 저는 이러한 디렉터의 시대가 저물고 크리에이터의 시대가 오고 있음을 느낍니다.

모두가 각자의 창작물을 생산하는 크리에이터의 시대

어디에서나 '크리에이터', '1인 창작자' 같은 말을 들을 수 있습니다. 맥락에 따라 조금씩 의미가 다르고, 하나

셀렉트

의 범주로 묶기 힘들 정도로 다양한 개성을 지닌 사람들을 포괄하지만 몇 가지 공통점이 있습니다.

첫 번째로 대체로 호기심이 많고 창의적이라는 점입니다. 그래서 협찬받은 제품의 후기를 올리더라도 브랜드가 제공하는 가이드라인을 준수하기보다는 자신만의 관점으로 재해석하고 경험과 주관을 개입하여 설명합니다. 감각적인 필터와 기교 넘치는 영상 편집은 이제 그들의 기본기에 가깝습니다. 무료로 배포되는 폰트와 배경음악도 구해서 적절히 쓸 줄 압니다. 그들은 자신이 업로드한 콘텐츠를 홍보물이 아닌 새로운 창작물로 생각합니다. 자신의 분신과도 같은 창작물에 대한 자부심도 남다릅니다.

두 번째는 자아가 있다는 점입니다. 그래서 브랜드를 까다롭게 선정하며, 자신과 결이 맞지 않으면 협찬 광고도 받지 않을 때가 있습니다. 그리고 마지막으로, 이들은 대단히 높은 수준의 감각과 취향을 지니고 있습니다. 자아와 감각, 그리고 취향은 서로 밀접하게 관련된 요소로, 크리에이터들의 정체성을 규정짓는 데 가장 중요한 역할을 합니다.

물론 여전히 크리에이터를 정의하기란 어렵습니다.

유튜브를 운영하는 연예인도 많아지고 있고, 크리에이터가 방송에 출연해 더 큰 유명세를 얻기도 합니다. 연예인과 크리에이터, 그리고 인플루언서의 경계가 희미해지는 중입니다.

하지만 제가 생각하기에 인플루언서와 크리에이터를 구분하는 기준은 명확합니다. 단 하나의 서비스든 제품이든, 유·무형의 콘텐츠를 제작하거나 배포해 보았다면 크리에이터입니다. 인스타그램으로 직접 만든 티셔츠를 판매해 보았다면, 유튜브를 통해 자작곡을 발표하고, 플리마켓에서 수제 비누를 팔아보았다면 유명세와는 별개로 크리에이터입니다. 그 경험에 유명세와 팬덤이 더해지면 대기업과 협업하거나 자신의 이름을 내걸고 펀딩도 할 수 있습니다.

개개인이 모두 브랜드가 되고, 미디어화되는 경향으로 강하게 변화해 나가고 있습니다. 이런 셀프 브랜딩에 연연하지 않은 무심함과 쿨함조차 브랜드의 정체성이 됩니다.

그렇다면 어떻게 해야 크리에이터가 될 수 있을까요? 비밀은 ICO 공식, 즉 '영감inspiration × 크루crew = 결과물output'에 있습니다. 첫 번째 요소인 영감은 어려서부터 관심을 지닌 분야나 영향받은 예술가, 전공 등을 통칭합니다. 일반적으로 감각이나 취향은 유년기의 경험에 의존하는 경우가 많습니다. 패션계의 혁신가로 불리는 버질 아블로Virgil Abloh도 어린 시절 스케이트보드를 타며 입었던 옷 브랜드나 음악을 평생 영감의 원천으로 삼았습니다. 그뿐만 아니라 그가 2012년 창립한 오프화이트에는 그가 전공한 토목학과 건축학에서 받은 영향이 엿보입니다. 브랜드 로고의 화살표 모양은 미스 반데어로에 Mies van der Rohe가 설계한 건물을 모티브로 한 것이며, 디자인에서도 건축 현장에서 볼 수 있는 케이블 끈 등을 활용하였습니다.

두 번째 요소인 크루는 누구와 교류하는지를 의미합니다. 크루가 동아리 멤버나 절친한 친구, 직장 동료와 구분되는 점은 소위 '결'이 비슷하여 모였다는 데 있습니다. 새롭게 일하는 방식을 실험하는 모빌스그룹과 자동차 문화를 주도하는 피치스처럼 다수가 모여 브랜딩한 크리에이터 그룹이 여기에 해당합니다. 이들은 서로 영향을 주고받으며 함께 성장하는데, 재미있는 점은 본업은 따로 있으며 '부캐(부캐릭터의 준말로, 평소와 다른 새로운 페르소나로 활동하는 것)'로 활동하는 이들이 많다는 것입니다.

마지막 요소는 결과물로, 이들이 최종적으로 만들어

낸 산출물을 뜻합니다. 이는 물리적인 것일 수도 있지만, 가상의 콘텐츠일 수도 있습니다. 유튜브에서 주로 활동하는 크리에이터에게 아웃풋은 영상 클립이겠지만 미술 작가에게는 그림일 것이고, 디자이너에게는 브랜드 제품일 것입니다. 흥미로운 점은 아웃풋의 범위가 점점 다양해지고 있다는 것입니다. 지금의 아웃풋은 영감을 가지고 크루와 함께 작업한 결과물을 최종적으로 발산하는 수단이라고 할 수 있습니다. 대부분 우리는 이 결과물을 보며 처음으로 크리에이터를 마주합니다.

이 ICO 공식을 지금 많은 이들의 사랑을 받고 있는 브랜드 혹은 개인에 대입해 보면, 많은 인사이트를 얻을 수 있을 것입니다. 여러분만의 ICO를 정리해 봐도 좋습니다.

굳이 이러한 변화를 '시대'라는 거창한 타이틀로 소개하는 것은, 크리에이터의 위상이 많이 달라졌기 때문입니다. 많은 산업군에서 막대한 영향력과 확장성을 지닌 크리에이터들을 모셔 가기 바쁩니다. 건축학도였지만 스타일리스트로 일하다가 루이 비통의 디렉터가 된 버질 아블로도, 음악 활동을 하다가 나이키와 리바이스 디렉터를 거친 후지와라 히로시도 이 시대의 뛰어난 크리에이터입니다.

한 사람이 음악을 하며 그림도 그리고, 사진전을 하다가 브랜드 컬렉션을 출시하는 일은 더 이상 어색하지 않습니다. 열 재주 가진 사람이 굶어 죽는다던 예전과 시대가 달라진 것을 실감합니다. 크리에이터들이 다양한 분야에서 활약하며 새로운 분야에서 본업 이상의 영향력을 행사하는 '왜그 더 독wag the dog' 현상에 대중은 열광할 준비가 되어 있습니다.

크리에이티브를 만드는
ICO 공식:

Inspiration 영감

×

Crew 크루

=

Output 결과물

온전히 당신의 생각으로,
온전히 당신이 만든 것

이제 우리는 필연적으로 모두가 무엇을 창조해야 하는 시대에 살고 있습니다. 고용 환경은 불안정해지고, 젊은 세대의 실력은 나날이 발전하며, 개인의 평균 수명은 길어지고 있습니다. 평생 직장의 개념이 사라진 지도 꽤 되었고, 취미를 업으로 발전시키는 사람이 늘어나고 있습니다.

직장 생활을 잘하는 것과 창업을 하여 성공하는 것은 완전히 다른 일입니다. 대기업에서 연간 수백억 프로젝트를 성공적으로 진행시키던 임원이 퇴임 후 작은 가게도 제대로 운영하지 못하는 경우를 종종 봅니다. 사람과 조직을 관리하는 능력과 직접 무엇인가를 창조하는 능력은 완전히 다른 영역입니다. 시키는 것 말고 직접 해본 것이 진정한 능력이고 기술입니다. 맛있게 빵을 굽고, 향긋한 커피를 내리고, 감각적인 음악을 만드는 등 모든 창조적인 일이 앞으로 다가올 시대에 우리가 준비해야 하는 일입니다.

직접 찍은 사진에 필터를 입히고, 영상을 편집해 공유하고, 구제 옷을 구입해서 자신만의 룩을 연출하고, 가

전제품을 구입할 때 좋아하는 색으로 패널을 고르고, 직접 연출한 인테리어를 업로드해서 일면식도 없는 타인에게 선보이는 것. 이러한 일이 지금 이곳저곳에서 produced by, made by, directed by, powered by 등 다양한 형태로 창조되고, 편집되고, 공유되고 있습니다.

2022년 네이버는 신사옥을 지었습니다. 규모는 기존 사옥인 그린 팩토리와 비슷한데 내부의 테크놀로지는 아예 다릅니다. 신사옥은 개발자를 위한 건물이라는 콘셉트로 로봇과 같이 근무를 할 수 있는 공간으로 구성했습니다. 건물 이름은 〈1784 THE TESTBED〉라고 지었는데, 1784는 건물의 주소지인 178-4번지를 뜻하는 동시에 산업혁명이 시작된 해를 의미합니다. 건물 내부에는 5G 네트워크로 로봇들이 연결되어 있으며, 심지어 로봇 전용 엘리베이터도 있다고 합니다.

과거 마케팅 용어로만 AI와 로봇을 말하던 시대에서 이 정도까지 왔습니다. 유행처럼 번진 4차 산업혁명이라는 단어가 식상해질 무렵, 이미 우리 곁의 많은 것이 바뀌었습니다. 단순 반복이나 관리 업무의 비중은 점점 줄고, 정교하고 세련된 감각과 취향으로 창작할 수 있는 능력이 여느 때보다 중요해질 것입니다.

물론 여전히 저렴하게 제작하는 것, 즉 가격 경쟁이 중요한, 전 세계 아웃소싱 공장을 기반으로 하는 시장도 있습니다. 다만 비교 우위나 시장점유율로 경쟁하는 것이 아니라, 감각과 취향의 '다름'으로 경쟁하는 새로운 시대가 열렸습니다. 조금 거창하게 들릴 수도 있지만, 혁신이라고 해서 반드시 거창한 것은 아닙니다. 〈아기상어〉노래 가치가 1조 원, 나이키와 루이 비통이 컬래버레이션해 만든 에어포스 한 켤레가 4억 원이나 하는 시대니까요. 남과 다르게 나만의 색을 입혀서 기존에 없던 것을 만들면 팬덤이 생기고 새로운 시장이 열리는 것입니다.

자, 그래서 다시 한번 묻습니다. 지금, 당신은 무엇을 창조할 수 있나요?

1784

TH

TEST

B

**produced by,
made by,
directed by,
powered by**

**시장점유율이 아닌
감각과 취향의
'다름'으로
경쟁하는 시대가 열렸다.**

CULTURE :

브랜드로 자신을
설명하는 사람들

#취향의 국적

#유행 주기

#콘텍스트 소비

나는 내가 소비한 브랜드의 총합이다

한 브랜드를 소비하는 고객들을 보면 그 브랜드의 콘셉트와 타깃을 쉽게 가늠할 수 있습니다. 흥미롭게도 이는 실재하는 물리적인 공간뿐만 아니라 가상의 온라인 공간에서도 마찬가지입니다. 지금 브랜드는 하나의 컬처 코드이며 취향의 국적을 구분 짓는 여권과도 같습니다. 그 때문에 온라인과 오프라인을 구별하지 않고 브랜드 충성도가 높은 사람들이 '구찌적인 삶', '나이키적인 삶'을 살며, 브랜드의 전시를 관람하고, 브랜드의 인스타그램에 반응하고 있습니다.

"나는 내가 읽은 것들의 총합이다"라는 말이 있는데, 저는 이를 인용해서 "나는 내가 소비한 브랜드의 총합이다"라고 말하고 싶습니다. 하나의 브랜드 계정에 좋아요를 누르고 팔로잉하는 사람들을 살펴보면 스타일과 성향이 대부분 비슷합니다. 이를테면 제가 좋아하는 브랜드의 계정을 팔로잉하는 사람들만 훑어보아도 대부분 저와 온라인 친분이 있는 이들입니다.

그래서 20대를 타깃으로 한 캐주얼 브랜드인 디스이즈네버댓과 50대를 타깃으로 한 여성복 브랜드인 이세이 미야케의 고객층은 다를뿐더러, 인스타그램 계정 이미지의 무드나 텍스트의 톤 앤드 매너도 다르고, 유튜브 영상의 문법과 호흡 또한 다릅니다. 브랜드들은 하나의 페르소나로서 자신들의 성향이나 색깔을 은유적으로 표현하며 '나 여기 있어요' 하고 조심스럽게 손짓하고 있습니다.

많은 브랜드가 문화 코드 또는 아이콘으로서 다변화하는 중입니다. 이것이 브랜드가 팬덤을 만들고 문화적 자산을 형성하는 방법입니다. 그렇기 때문에 '이런 건 도대체 왜 만들었지?'라는 의문이 절로 드는 기상천외한 제품이 종종 출시되기도 합니다.

스트리트 브랜드 슈프림Supreme에서는 벽돌과 손도끼, 심지어 소화기까지 출시한 적이 있고, 하이패션 브랜드 생 로랑과 발렌시아가에서도 기타 케이스와 스피커백 같은 독특한 아이템을 출시했습니다. 브랜드 이미지와 제품이 쉽게 연결되지 않지만, 개별 상품이 출시된 배경을 살펴보면 이유를 충분히 납득할 만합니다.

생 로랑이 기타 케이스를 출시한 것은 브랜드의 어트리뷰트, 즉 록 시크Rock Chic와 록 스피릿Rock Sprit에 대한 오마주입니다. 생 로랑의 크리에이티브 디렉터였던 에디 슬리먼은 록 스타들이 즐겨 입었던 과감한 스키니진과

스터드, 검은색을 패션에 활용해 생 로랑의 부흥을 이끌었던 바 있습니다.

발렌시아가의 스피커백은 세계적인 오디오 회사인 뱅앤올룹슨Bang & Olufsen과 협업해 만든 것으로, 브랜드 정체성은 유지하면서 새로운 시대와 발맞추겠다는 의지를 드러냅니다. 뱅앤올룹슨은 자사 홈페이지에서 스피커백을 '오트 쿠튀르 하이파이'라고 설명합니다. 즉 전 과정에서 완벽함을 추구하는 장인 정신은 그대로 유지하는 한편 기술 혁신을 적극적으로 추구하겠다는 것입니다.

소비자를 위한 이벤트와도 같은 이러한 제품들은 영화로 치자면 쿠키 영상 같은 것이고, 문학으로 따지면 복선에 해당한다고 할 수 있습니다.

슈프림 벽돌

생 로랑 기타 케이스

발렌시아가 스피커백

지금 브랜드는
개인의 고유성을 증명하는
컬처 코드이며
취향의 국적을 구분 짓는
여권과도 같다.

대중의 취향을 반영해야 한다는 착각

기획자, 마케터, MD 등 브랜드 관계자부터 예술가까지, 대중의 선택을 받아야 하는 이들은 시대의 흐름을 읽어내고 대중의 취향을 따라야 한다는 부담을 가져왔습니다. 하지만 예기치 못한 반향을 불러일으키거나 시간이 흘러 명작으로 평가받는 것은 당대 거장과 평론가에게 손가락질받고, 평가절하된 경우가 많습니다. 지금 파리를 대표하는 에펠탑도 처음 지어졌을 때는 에밀 졸라 등 46인의 예술가 단체가 흉측하다는 이유로 반대 서명을 했다고 합니다. 한국 음악계에 가장 큰 영향을 끼친 서태지조차 데뷔 무대에서는 호평받지 못했습니다. 미식가들에게 가장 높은 평가를 받은 미슐랭 3 스타급 식당에서 식사를 하면 익숙한 맛이 아니라서 입맛에 맞지 않을 가능성이 큽니다.

저도 이를 직접 경험한 적이 있습니다. 2017년 발렌시아가 런웨이 쇼에 등장한 두 개의 신발이 바로 그것입니다. 하나는 볼륨이 큰 투박한 스니커즈였고, 하나는 반대로 양말처럼 신지도 않은 것 같은 스니커즈였습니다. 저는 이 신발이 처음 나왔을 때 냉소와 비판으로 일관했습니다.

셀렉트

2016년 뎀나 바잘리아Demna Gvasalia가 발렌시아가 디렉터로 취임하고 나서 부정적인 평가가 많았는데, 실제로 런웨이 또한 난해했습니다. 파리의 럭셔리 브랜드 발렌시아가의 정체성을 순식간에 바꿔버리더니, 2017년 정말 못생기고 이상한 디자인의 스니커즈를 출시하기에 이른 것입니다. 이러한 일련의 상황이 제게는 기품 있고 도도했던 파리 부티크 명가 발렌시아가의 최후를 보는 듯했습니다.

그런데 이게 웬걸, 2017년부터 셀러브리티가 한두 명씩 신기 시작하면서 이 이상한 제품이 길거리에서 하나둘 보이기 시작했습니다. 2018년에는 투박한 트리플S와 슬림한 스피드 러너가 '어글리 슈즈', '청키 슈즈'라는 용어로 불리며 고유명사로 굳어졌고, 어느새 전 세계의 스니커즈 디자인이 비슷해졌습니다. 그런데 정말로 신기한 것은 바로 어느 순간부터 제 눈에도 이 신발들이 꽤 예뻐 보였다는 것입니다. 심지어 저도 하나 살까 고민했을 정도입니다. 이제 대부분의 브랜드에서 이런 유의 스니커즈를 디테일만 조금씩 바꿔서 출시하고 있습니다. 고작 3년 만의 일입니다.

하나의 제품이 유행으로 자리 잡기까지 거치는 단계가 있습니다. 정리하자면 다음과 같습니다.

뭔가 이상한 디자인이 나온다 → 일부 패셔니스타들이 따라 입는다 → 패션에 관심 있는 사람들이 입는다 → 나조차 입는다 → 패션에 전혀 관심 없는 사람들이 입는다

2016년부터 폭풍 성장한 골든구스의 슈퍼스타가 그러했고, 2017년 유행한 오버사이즈 코트와 롱 패딩이 그러했습니다. 2018년엔 팔이 긴 베트멍 후드 티셔츠와 오프화이트 티셔츠가 그랬고 2020년에는 나이키 덩크로우가 그러했습니다. '엥? 이게 예쁘다고?' 했다가 '어랏? 이것 좀 괜찮은데?'로 이동하는 데 6개월 정도 걸리다가, '와, 완전 너무 예뻐'에서 '나도 사야지'까지 오는 데 일주일이면 되는 것 같습니다. 이는 하나의 혁신적인 아이디어나 콘셉트가 사회적인 동의를 받기까지 걸리는 시간입니다.

최근에는 이 시간, 소위 유행 주기가 점점 짧아지고 있습니다. 럭셔리 브랜드가 캐리 오버(매년 동일하게 출시하는 디자인)는 줄여나가고 캡슐 컬렉션(시즌 한정으로 제작하는 적은 수량의 디자인)은 확대하는 것은 바로 이러한 이유에서입니다.

셀렉트

발렌시아가 트리플S

발렌시아가 스피드 러너

혁신적인 아이디어나 콘셉트가
사회적인 동의를 얻는 데
필요한 시간이 점점 줄어들고 있다.

제3의 선택지를 제안하다

예전에 "어떤 술 좋아하세요?"라고 질문한다면, 이는 소주와 맥주 둘 중 하나를 고르라는 의미였을 겁니다. 하지만 이제 맥주만 하더라도 라거, 에일, IPA, 스타우트 등 선택지가 다양해졌으며 웬만한 레스토랑에서는 주류 메뉴판을 따로 갖고 있습니다. 심지어 인기 있는 위스키는 돈 주고도 구할 수 없을 정도입니다. 고급 위스키 브랜드인 맥캘란, 발베니, 글렌피딕에서 출시하는 술은 품귀현상을 겪는 데다가 아트테크처럼 투자용 위스키 상품까지 등장했습니다.

국내 제조사도 소비자에게 다양한 선택지를 제공하기 위해 제품 개발에 나섰습니다. 자전거를 타고 스코틀랜드의 증류소를 모두 견학했다는 김창수 대표가 만든 '김창수 위스키'의 수량을 확보하기 위해 유통사들이 경쟁을 벌였고, 샌프란시스코 국제주류품평회에서 금메달을 수상한 쓰리소사이어티스의 위스키 '기원'도 한국 최초의 싱글몰트 위스키로 주목받고 있습니다.

상대적으로 촌스러워 보이는 소주 또한 전통적인 정체성을 바탕으로 새로운 변화를 시도하는 중입니다. 래퍼 박재범이 론칭한 원소주의 열풍은 소주에 대한 젊은 세대의 수요를 개척한 대표적인 사례입니다. 원소주는 소주를 고급화한 전략뿐만 아니라 론칭하고 유통하는 방식 또한 관습을 탈피하여 소비자에게 흥미롭게 다가갔습니다. 그는 미국 생활을 오래 하며 일본의 사케와 달리 한국의 소주는 브랜딩되지 않아 아쉽다고 여러 차례 토로하였는데, 이러한 스토리텔링도 원소주 열풍에 박차를 가했습니다.

그 밖에 토끼소주는 3만 원에 육박하는 가격에도 기존 소주에서 기대하지 않았던 감각적인 패키지로 사랑을 받았고, 왓챠의 웹 드라마 〈좋좋소〉와 협업해 선보인 술샘 양조장의 '빡치주'는 키치적인 매력으로 관심을 모았습니다.

과거 다양하지 않던 한국 주류 시장의 저변이 확대되고 이처럼 빠르게 다양한 브랜드가 성공적으로 안착한 이유는 무엇일까요? 저는 힙하고, 핫하고, 쿨한 것을 좋아하는 취향의 다양성이 바야흐로 폭발하고 있다는 것을 피부로 실감하고 있습니다. 술뿐만 아니라 대부분의 분야에서 이렇듯 빠른 속도로 취향과 기호의 세분화가 진행되고 있습니다.

콘텐츠의 홍수 속, 느슨한 연대가 주는 영감

1990년대 50퍼센트가 넘는 시청률을 기록한 드라마는 〈첫사랑〉, 〈사랑이 뭐길래〉를 비롯해 무려 일곱 개나 됩니다. 하지만 지금은 제아무리 인기를 얻는다 해도 시청률 10퍼센트를 넘기기가 어렵습니다. 같은 시간대에 삼삼오오 텔레비전 앞에 모여 앉아 시청하는 문화가 사라지고, 각자 다른 시간에 각자 다른 디바이스로 시청하기 때문입니다. 앞으로 한국 드라마 역사에 다시는 50퍼센트 이상의 시청률은 나오지 못할 것입니다.

더 이상 모두가 공감할 수 있는 스토리, 모두가 알고 있는 음악이 나오기란 쉽지 않아 보입니다. 국민 배우, 국민 드라마가 나오기 어려운 이유이기도 합니다. 이제 각자가 취향에 맞는 다양한 플랫폼을 활용해서 관심사에 맞춰 큐레이션된 콘텐츠를 소비하고 있으니 말입니다.

저는 넷플릭스, 웨이브, 애플TV, 쿠팡플레이 등 OTT 서비스를 여섯 개나 가입하여 시청하고 있는데, 팀원이나 친구들과 최근 가장 인상 깊게 본 작품들의 제목을 맞춰보면 일치하는 게 거의 없습니다. 대박이 났다는 드라마조차 나중에 봐야지, 하고 조금 시간을 지체하면 곧바로 또 다른 대작이 나와 볼 시기를 놓쳐버립니다. 같은 집에서도 아내는 텔레비전으로 넷플릭스의 〈브리저튼〉을 보고, 저는 누워서 아이패드로 애플TV의 〈파친코〉를 시청합니다.

유튜브만 해도 제가 즐겨 보는 채널과 친구들이 즐겨보는 채널을 서로 이야기해 보면 교집합이 거의 없습니다. 대화 주제를 따라가기 위해, 누가 추천해 줘서, 알고리즘으로 뜨기 때문에 하루하루 봐야 할 콘텐츠는 쌓여가는데 시청할 시간은 부족합니다. 요새는 돈이 없어서가 아니라 시간이 없어서 영화를 못 본다는 말이 크게 틀리지 않는다는 걸 실감합니다. 한동안 '바쁘다 바빠 현대사회'라는 표현이 유행했는데 정말로 볼 것도, 할 것도 참많은 세상입니다.

각자 선택한 알고리즘에 따라 한정적으로 광고에 노출되고, 제품을 소비하고, 미디어를 시청하는 사회에서는 타인을 배려하기도 어려워지고, 세대 갈등도 심화되는 것은 아닐까 한편으로는 걱정이 됩니다. 유교적 전통과 집단주의적 가치가 우세했던 과거 한국 사회의 덕목은 양보와 희생이었습니다. '나'보다는 '우리'였고, 개인주의는 이기주의와 동의어였습니다.

하지만 이제 시대가 변했기에 모두가 하나의 우주가 되어 그 중심에 서있습니다. 각자가 이 세상의 주인이기에 자존감과 자신감이 핵심 가치가 되었죠. 그래서 한동안 《나는 나로 살기로 했다》,《신경 끄기의 기술》,《미움받을 용기》같이 단단한 자아를 긍정하는 제목의 책이 유행했습니다. 특히 코로나를 거쳐 혼자 보내는 시간이 늘어나며 혼자 할 수 있는 스포츠, 혼자 먹을 수 있는 음식에 대한 수요가 빠르게 증가했습니다. 1인 가구의 라이프스타일과 관련된 시장이 급속도로 성장했으며, 반려동물 시장과 반려식물 시장 또한 저변이 확대되었죠.

하지만 그럼에도 채워지지 않는 1퍼센트가 있기에 사람들은 결국 밖에 나와서 사람을 만나고, 잔을 부딪치고, 모임을 가집니다. '타인은 지옥'이라는 생각이 들다가도 결국 우리는 타인과 교감하고 교류해야만 안도하고 행복할 수 있는 것은 아닐까 생각해 봅니다. 마치 '죽고 싶지만 떡볶이는 먹고 싶은', 또는 '일은 하기 싫지만 부자는 되고 싶은' 모순적인 심리와 마찬가지로, 우리는 사람이 싫지만 사람 속에서만 존재할 수 있다는 사실을 오래지 않아 깨닫게 됩니다.

이러한 시대적 분위기 속에서 등장한 개념이 바로

'느슨한 연대weak ties'입니다. 날카로운상상력 연구소의 김용섭 소장은 《라이프 트렌드 2020》에서 중요한 메가 트렌드로 느슨한 연대를 제시했습니다. 느슨한 연대란 끈끈하게 결속되지 않았으나, 이익을 위해서가 아니라 단순히 친근함과 재미로 서로에게 툭툭 영감을 던지며 상대를 넛지nudge하고 다양한 차원의 자극으로 서로를 독려하는 관계를 말합니다. 그는 앞으로 우리의 일상은 끈끈한 관계에서 느슨한 연대로 변화할 것이며, 이는 고용관계, 오락과 놀이, 도시계획 등 다양한 분야에 적용될 것이라 설명했습니다.

느슨한 연대의 가장 대표적인 예가 바로 소셜미디어입니다. 이 공간에서 우리는 모두 누군가에게 영감의 원천이 됩니다. 저는 일주일에 열 번 정도는 그 옷을 어디서 샀는지, 그 가방 브랜드는 뭔지 물어보는 다이렉트 메시지에 답장을 합니다. 반대로 저 또한 누군가 배경음악으로 설정한 노래에 좋아요를 누르고, 서울시립미술관 전시 후기에 댓글을 단 후 주말 일정에 추가합니다. 이런 식으로 영감을 주고받는 대등한 관계, 그 어떤 이해관계로도 엮이지 않고 단지 비슷한 취향과 관심사로 맺어져 종종 대화를 건네고, 더러는 만나서 친구처럼 대화할 수 있는 사이. 그러한 관계가 바로 느슨한 연대일 것입니다.

트레바리와 같은 플랫폼을 통해 회원제 독서 모임을 하고, 러닝크루에서 함께 운동할 사람을 모집하고, 비슷한 관심사를 가진 사람끼리 모여 플리마켓을 하는 것도 모두 느슨한 연대의 한 단면입니다.

"취향은 레퍼런스가 되고, 결국 문화가 된다"

세분화된 취향과 정교해진 감성, 그리고 느슨한 연대라는 것에 대해 다양하게 이야기했는데, 이 모든 것이 결국 문화를 형성해 나가는 과정에 있습니다. 우리가 이탈리아이 나폴리 슈트를 보고 감탄하고, 프랑스 보르도 와인에 탄성을 내지르며, 영국 프리미어 리그 경기에 열광하는 이유는 무엇일까요? 처음에는 한 사람이 좋아하게 되고, 가까운 사람과 함께 즐기다 점차 다른 사람의 마음에 불을 지피며 오랜 기간 많은 사람들에게(심지어 전 세계 사람들에게) 사랑받았기 때문입니다. 그런 의미에서 문화가 형성되기 전에는 최소 단위인 '취향'이라는 것이 존재해야 합니다.

모듈 퍼니처 브랜드 빌드웰러의 쇼룸에 다녀왔을 때의 일입니다. 쇼룸은 군자역 인근의 한적한 주택가에 있었는데, 처음에는 '아니, 이런 곳에 웬 쇼룸을?' 하고 의

아하게 생각했습니다. 그런데 도착하고 보니, 다양한 사람들이 마당에 삼삼오오 모여 맥주 파티를 하고 있었습니다. DJ 부스에서는 멋진 트랙이 흘러나왔고 스태프들의 스타일링도 세련되고 자연스러웠습니다. 이색적인 공간과 분위기 덕분에 이 공간에 온다면 누구라도 브랜드와 사랑에 빠질 수밖에 없을 것 같았습니다.

그들에게 받은 초대장을 다시 들춰보니, "Preference becomes a reference and it forms a culture", 즉 "취향은 하나의 레퍼런스가 되고, 이들이 모여 결국은 문화가 된다"라고 작게 쓰여있었습니다. 문화의 형성 과정을 깔끔하게 설명하는, 군더더기 없는 명문이었습니다.

생각해 보면 제가 좋아하는 힙합이라는 문화도 결국은 누군가의 샘플링, 누군가의 브레이크 댄스, 누군가의 붐뱁, 누군가의 패션에서 영향을 받고, 또 그게 누군가에게 영향을 주는 연쇄적인 화학반응에 의해 탄생한 것입니다. 스케이트보드를 좋아하고, 그러다가 반스를 신고, 거기에 리바이스 데님을 입고, 또 그걸 보고 응용해서 살짝 큰 슈프림 티셔츠를 입고, 또 거기에 다른 사람은 자신이 좋아하는 프라이탁Freitag을 메고…. 서로가 서로에게 영감을 주다 보니 지금처럼 유행이 생겨나고, 이러한 종류의 착장 자체가 하나의 문화로 자리 잡은 것이죠.

　문화라는 것은 이렇듯 자연스럽게, 누가 의도해서 마케팅을 한다거나 자본의 힘으로 몰아붙이는 것이 아니라 좋아하는 것을 즐기는 사람들끼리 서서히 물들어가면서 감각적인 공진화coevolution가 일어나는 과정입니다.

**Preference becomes
a reference and
it forms a culture**

**취향은 하나의
레퍼런스가 되고,
이들이 모여
결국은 문화가 된다**

사람들이 미술관에 줄을 서는 이유

미술 시장은 새로운 소비 코드가 되었습니다. MZ 세대가 아트테크에 열을 올린다는 뉴스가 들려온 데 이어, NFT 작품을 핸드폰으로 쉽게 구입하거나 지분을 쪼개 저작권을 매입하여 진입장벽이 낮아졌다는 기사도 등장했습니다. 심지어 작가가 그림을 그리기도 전에 선납으로 작품을 확보하겠다는 사람들이 줄을 섰다는 이야기도 들립니다.

카우스Kaws나 베어브릭Bear Brick의 피겨, 제프 쿤스Jeff Koons의 벌룬독, 쿠사마 야요이草間彌生의 호박 등과 같이 미술품인지 패션 소품인지 분간하기 어려운 제품이 중고 시장에서 높은 시세로 거래되는 것은 아트로 돈이 몰린다는 사실을 알려줍니다. 럭셔리 브랜드뿐만 아니라 국내 브랜드에서도 미술 분야와의 협업을 이어가고 있습니다. 캐주얼 브랜드인 빈폴은 2022년 국내 최대 미술품 경매사 서울옥션에서 출시한 브랜드인 프린트 베이커리와 협업하여 새로운 컬렉션을 선보였고, 좀처럼 컬래버레이션을 하지 않는 시스템 옴므 또한 세련된 감각의 일러스트레이터 성립과 실험적인 협업을 진행했습니다. 패션뿐만 아니라 리빙용품, 가전제품, 식품 등에서도 아티스트와 다양한 시도를 선보이고 있는데, 이는 점점 더 패션과 미술의 경계가 파괴되는 흐름을 보여줍니다.

톰 삭스Tom Sachs의 한국 첫 번째 전시 〈톰 삭스: 스페이스 프로그램: 인독트리네이션〉은 무척 흥미로운 사례입니다. 브리콜라주bricolage 작품 연작을 전시하고 있는데, 각 작품의 상징과 의미를 파악하기가 쉽지 않습니다. 전시를 개최한 아트선재센터 김장언 관장은 톰 삭스의 전시에 대해 "미술관을 스페이스 프로그램의 교육 센터로 변화해 인간의 허위와 욕망, 그리고 현재를 상상적 우주와 물리적 우주로 교차해 보여주며 산업화가 양산한 기계주의를 경외하면서도 조롱했다"라고 이야기했고, 예르바 부에나 아트 센터Yerba Buena Center for the Arts, YBCA의 CEO 데버라 컬리넌Deborah Cullina은 "전후 우주 탐험 시대에 우리 문화에 깊이 스며든 유혹과 유토피아적 이상주의를 떠올리게 하며 'NASA'라는 브랜드를 향한 낭만과 흥미를 고취하도록 한다"라고 했습니다.

이와 같은 설명을 듣고도 과연 작가가 하고자 하는 이야기가 무엇인지 알쏭달쏭하게 느껴집니다. 하지만 패션계에서 그를 대하는 태도를 보면 그가 거장의 반열에 든 것이 분명하게 느껴집니다. 나이키와 협업해 완성한 운동화 마스야드는 가격이 1000만 원까지 올랐고, 2019년 일본 전시를 하며 빔즈Beams를 통해 판매했던 NASA 체어는 한 개당 150만 원을 호가했습니다. 그의 작품 세계는 잘 모르지만, 그가 철저하게 상업적이고 자본의 속성을 잘 알고 있는 작가라는 것만큼은 분명합니다.

그의 작품 세계를 이해하기 위해 자료를 찾다 보니 흥미롭게 다가온 것은 그의 작품보다 그가 한국에서 보낸 일정이었습니다. 그는 한국에 와서 미술 평론가 및 미술계 매체와 인터뷰를 한 것이 아니라 지드래곤에게 춤을 배우거나 방탄소년단의 슈가, 제이홉과 파티를 즐기고 개그맨 조세호아 현대카드 정태영 부회장과 인증숏을 찍으며 시간을 보냈습니다. 그의 행보를 보니 한때 앤디 워홀이 말한 것으로 알려진 "일단 유명해져라. 그러면 사람들은 당신이 똥을 싸도 박수를 쳐줄 것이다"라는 문장이 떠올랐습니다. 물론 실제로 앤디 워홀이 한 말은 아니라고 하지만, 그에 대해 이야기할 때 이 문장이 빠지지 않고 등장하는 것은 역설적으로 이 말이 그의 행적과 현대미술의 특징, 자본주의의 속성을 흥미롭게 설명한다는 증거일 것입니다.

한번 곰곰이 생각해 볼 필요가 있습니다. 2022년 톰 삭스의 첫 전시가 인스타그램을 통해 반복적으로 노출되고, MZ 세대는 이 전시에 가기 위해 입장료를 내고도 줄을 서고, 굿즈는 첫날 품절되는 이유가 단지 지금 아트가 유행이어서일까요?

미술 시장은 여러모로 패션 시장과 비슷한 부분이 많습니다. 우선 표면적으로는 아름다움의 영역을 다룬다는 점에서 가장 큰 유사성을 지닙니다. 물론 현대미술에서 잭슨 폴록Jackson Pollock이나 데이미언 허스트Damien Hirst의 작품이 아름답냐는 질문에 대해서는 깊이 있는 논의가 이루어져야 하기 때문에 답하기 쉽지 않습니다. 그러나 고무로 만든 크록스Crocs의 신발이나 키치적으로 과장된 뎀나 바잘리아의 티셔츠가 아름다운가에 대한 답변 또한 마찬가지입니다. 이러한 지점에서는 '아름다움이란 무엇인가?'라는 철학적인 질문을 던질 수밖에 없습니다.

또 다른 공통점은 지적 허영심의 충족과 취향의 구별 짓기라는 수단으로 활용된다는 것입니다. 미술가 겸 작가 세스 프라이스Seth Price는 자전적 에세이인 《세스 프라이스 개새끼》에서 미술계를 일컬어 "학계의 지적 무게, 패션계의 화려함, 월가의 도박성을 모두 갖췄음에도, 겉보기에는 누구나 입장 가능한 무료 공연과 같은 파티"라고 묘사한 바 있습니다. 다시 말해 미술은 아름다움을 판별할 수 있는 실력과 안목만으로 이루어지는 질서 정연한 세계가 아니라는 것입니다. 미술 시장 또한 주식과 같이 발 빠른 정보를 이용해 투자자와 전문가가 가격을 조종할 수 있는 여지가 존재합니다. 작가의 수상 정보를 사전에 입수하여 작품을 미리 사재기한 뒤에 인맥과 미디어를 활용해 여러 가지 방법으로 '작가를 띄우는' 것도 가능하고, 연예인 소속사와 홍보 대행사를 활용해 단기간에 유명세를 형성할 수도 있습니다.

톰 삭스가 방탄소년단 멤버들과 같이 찍은 사진이 미디어에 도배될 수 있었던 것은 전시가 열린 장소 중 하나가 바로 하이브 엔터테인먼트의 전시 공간인 하이브 인사이트HYBE INSIGHT였기 때문입니다. 그리고 전시가 진행된 세 곳의 전시장 중 하나인 타데우스 로팍Thaddaeus Ropac 서울은 톰 삭스를 20여 년간 관리한 전속 갤러리입니다. 이미 2019년에 일본 하라주쿠 전시를 통해 패션 피플들에게 폭넓은 인지도를 쌓은 만큼 2022년 패션의 중심인 한남동은 그에게 한국 데뷔를 위한 최적의 무대였을 겁니다. 톰 삭스의 작품의 미적 완성도나 미술사적 의의를 차치하더라도, 요즘 현대미술 시장이 돌아가는 메커니즘은 이토록 정교합니다.

하나의 작품이 시간이 지나며 새로운 사조로 변주되고, 서로에게 영향을 주고, 유행으로 굳어지고, 다시 완전히 새로운 흐름을 낳는다는 점에서 미술과 패션은 유사한 부분이 있습니다. 이 둘의 끈끈한 영향력은 세계 패션계에서 가장 큰 영향력을 행사하는 애나 윈터Anna Wintour가 메트로폴리탄미술관의 이사이기도 하고, 루이 비통을 소유한 LVMH 베르나르 아르노Bernard Arnault 회장과 구찌의 프랑수아 앙리 피노Francois-Henri Pinault 회장이 모두 세계에서 가장 큰 예술계의 후원자라는 사실만 떠올려봐도 알 수 있습니다.

우리가 주목해야 할 점은 미술과 패션 모두 당대의 아름다움에 대해 끊임없이 질문을 던진다는 것입니다. 이런 점에서 미술과 패션에 구체적으로 어떤 상관관계가 있느냐고 묻는다면 저는 이렇게 답하겠습니다. 두 가지 모두 당대의 아름다움에 대한 컨센서스를 시험받는 리트머스 시험지라고.

콘텍스트를 소비하는 사람들

갤러리는 점점 더 인스타그래머블Instagramable한 공간과 머천다이징에 집중하며, 셀러브리티 및 럭셔리 브랜드와의 컬래버레이션을 강화해 나가고 있습니다. 이를 두고 혹자는 아트가 점점 상업화, 대중화되고 있다고 하지만 저는 패션화되는fashionized 것이라 생각합니다.

동시에 패션은 아트화되고 있습니다. 루이 비통이 디타워에서, 구찌가 대림미술관에서, 막스마라가 DDP에서 대형 전시를 한 것은 이러한 흐름의 연장선상에서 이해할 수 있습니다. 오래전부터 예술에 많은 투자를 하고 있는 에르메스는 2000년부터 예술계의 권위 있는 시상식인 에르메스재단 미술상을 운영하며 지난 2019년부터 10년간 한화 10억 원을 서울시립미술관 후원금으로 출연한 바 있습니다.

이를 계기로 최근에는 좀 더 다양한 브랜드가 흥미로운 이벤트를 벌이고 있는데, 2022년 디올은 서울시립미술관과 덕수궁에서 장미셸 오토니엘Jean-Michel Othoniel 전시를 진행했으며, 같은 해 로에베는 북촌 서울공예박물관에서 5회를 맞은 로에베 공예상을 시상 및 전시했습니다.

현재진행형인 미술과 패션의 공조는 상품을 판매하는 매장에도 많은 변화를 주었습니다. MZ 세대의 지지를 받는 젠틀몬스터나 아더에러의 플래그십 스토어를 보면, 미술관인지 매장인지 구분하기가 쉽지 않습니다.

논픽션이 북촌에 오픈한 매장은 1층 면적 전체를 전시 공간으로 사용하며, 2층 일부에만 판매용 선반을 배치하는 파격을 보여주었습니다. 아더에러는 성수동에서 연 플래그십 스토어 '아더 스페이스 2.0'에서 우주와 미래를 주제로 하여 균열로 인해 경계가 무너진 새로운 차원의 시공간을 보여줍니다. 탬버린즈는 매장에 거대한 말을 전시하고 움직이는 로봇들을 설치해 두었습니다. 상품을 돋보이게 하기 위한 비주얼 머천다이저visual merchandiser, VMD(브랜드의 콘셉트에 맞추어 매장을 꾸미는 것)로 키네틱 아트kinetic art나 아트 오브제를 선보이는데, 이는 브랜드의 콘셉트와 세계관을 경험하도록 하는 장치입니다.

이제 상품의 특성도 직관적인 광고 문구가 아니라 은유와 상징을 통해 추상으로 표현되고 있습니다. 바야흐로 브랜드도 개념미술과 마찬가지로 콘텍스트context를 판매하는 시대입니다.

아더에러 '아더 스페이스 2.0'

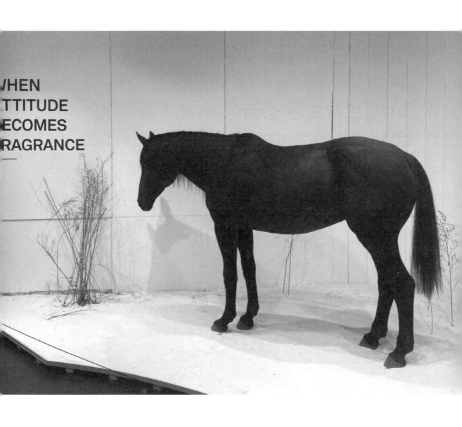

탬버린즈 하우스 도산

지금 오프라인 매장의 용도는
브랜드의 콘셉트와 세계관을
경험하도록 하는 것이다.

이제 브랜드는 상품이 아닌
콘텍스트를 판매한다.

COMMERCE :

100가지 유행이 공존하는 평균 실종의 시대

#평균 실종

#1만 명의 팔로어

#취향의 지형도

요즘 핫한 브랜드의 특징 하나, 아티스트 재질

100가지 유행이 존재하는 시기에 브랜드가 성공하는 방정식 또는 법칙 같은 것은 존재하지 않을지도 모릅니다. 하지만 요즘 선택받는 브랜드는 이전 세대에 사랑받았던 브랜드와는 다른 공통점을 지니고 있습니다.

첫 번째 공통점이 바로 '아티스트 재질'이라는 것입니다. 해당 브랜드를 구매함으로써 자신이 예술 계통 사람 또는 크리에이티브한 사람으로 비칠 수 있어야 한다는 뜻입니다. '재질'은 사전적 의미를 넘어 스타일이나 취향이 좋을 때 이를 칭찬하기 위해 '느낌' 혹은 '부류'와 비슷한 의미로 사용되는 신조어입니다. 제가 굳이 재질이라는 단어를 추가한 것은 본업이 아티스트가 아니어도 된다는 데 방점이 찍혀있기 때문입니다. '아티스트 재질'에는 '실제로 아티스트는 아니지만 아티스트같이 보인다'는 심오한 의미가 담겨있습니다.

이는 지금 MZ 세대가 동경하는 라이프스타일과 일맥상통합니다. 예전에는 대학생이 희망하는 진로가 대기업에 취업하거나 공무원이 되는 것으로 엇비슷했다면, 지금은 제각기 다른 삶의 방식을 추구합니다. 자신이 관심 있는 분야의 CEO가 되어 취미로 미술품을 수집하며 고급 취향을 지닌 인플루언서가 되길 희망하는 이들이 많습니다.

실제로 이러한 삶을 살고 있는 오아이오아이O!Oi 정예슬 대표의 집을 소개한 유튜브 클립은 엄청난 조회 수를 기록하며 저를 포함한 수많은 팬덤을 형성했습니다. 젊은 나이에 CEO가 된 그는 이미 300억 원의 연매출을 기록하는 대형 브랜드를 운영하고 있으며, 멋진 예술품에 투자하는 아트 컬렉터이기도 합니다.

감각이 돈이 되고, 취향이 자산이 되는 시대에는 모두가 창의성과 예술성을 적극적으로 드러내고자 합니다. 과감하고 전위적인 상품에 MZ 세대가 열광하는 것은 새롭고, 예술가적이며, 혁신적인 아이콘이 되고자 하는 욕망의 표현입니다. 무척이나 새로운 요소를 갖춘, 기존에 본 적 없는 생소한 디자인이 유행하는 것은 이러한 맥락에서 설명할 수 있습니다.

대표적으로 메종 마르지엘라Maison Margiela의 타비 슈즈가 그렇습니다. 마틴 마르지엘라Martin Margiela가 일본 여행 중 우연히 전통 버선인 타비足袋에서 영감을 받아 만든 신발인 타비 슈즈는 다소 생소한 디자인인데도 번화가에서 어렵지 않게 볼 수 있습니다. 트럭의 방수용 천막을 재

활용하는 프라이탁의 가방 또한 어느새 기본 아이템으로
자리 잡았습니다. 중요한 것은 타비 슈즈와 프라이탁 가
방 모두 기존에 생각했던 아름다움의 개념과는 부합하지
않을 수도 있다는 점입니다.

한때 세상에서 가장 못생긴 신발로 유명했던 크록스
는 디자인이 아름다운 것도 아니고, 큰돈을 들여 브랜딩
하지 않았는데도 파격적인 디자인에 편하다는 이유로 많
은 이들에게 사랑받고 있습니다. 소셜미디어에서 컬러
풀한 양말에 크록스를 코디하는 창의적인 패션 스타일을
쉽게 찾아볼 수 있습니다.

이제 아티스트라는 것은 직업적 영역을 넘어 선택받
기 위한 필수 코드입니다. 소비자는 전에 생각해 본 적 없
는 실험적인 제품과 서비스에 열광합니다. 개성 있는 홈
스타일링을 추구하는 이들에게 사랑받는 브랜드 세이투
셰SAY TOUCHÉ의 디자인은 주목할 만합니다. 세이투셰의
왜곡된 형태의 러그와 재치 있는 거울은 일상적인 제품
을 예술의 영역으로 올려놓았습니다. 세이투셰의 갤러
리 미러Gallery Mirror는 "거울에 비친 피사체가 갤러리 속 작
품이 되는 연출의 액자"로, 거울의 전형을 넘어 일상의
행위에 예술을 가미합니다. 리퀴파이드 페르시안 러그

Liquified Persian Rug는 "무작위로 펼쳐진 굴곡과 마치 녹아내린 듯한 패턴의 페르시안 러그"로, 초현실주의 작품 같은 분위기를 자아냅니다.

세이투셰의 공동 창업자이자 악뮤AKMU 멤버 이찬혁은 남다른 행보로 이목을 끌곤 합니다. 대표적으로는 정규 앨범《ERROR》를 발매하며 음악 방송에서 발언을 거부하고, 유동 인구가 많은 시내 한복판에서 차를 마시며 신문을 보고, 유리관에 들어가 노래를 하는 등 다소 낯선 퍼포먼스를 보여준 바 있습니다. 이는 죽음이라는 앨범의 주제를 단순히 노래로 국한하지 않고 행위 예술로 확장해 표현한 것입니다. 전하고자 하는 메시지를 앨범이라는 매체를 넘어 다양한 통로로 보여주려는 그의 행보는 요즘 브랜드의 지향점과도 맞닿아 있습니다.

마틴 마르지엘라 타비 슈즈

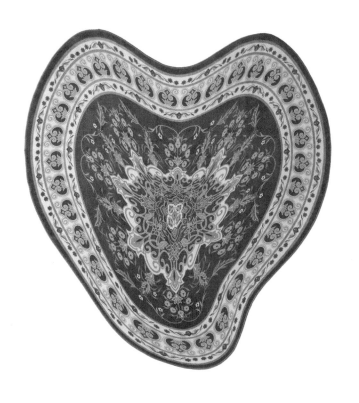

세이투셰 리퀴파이드 페르시안 러그

소비 행위는 새롭고, 예술가적이며,
혁신적인 아이콘이 되고자 하는
욕망의 표현이다.

기존에 본 적 없는 생소한 디자인이
유행하는 이유다.

요즘 핫한 브랜드의 특징 둘, '찐' 로컬

2019년부터 코로나19로 인한 봉쇄령으로 많은 사람들이 해외여행을 떠나지 못했습니다. 코로나19가 잠잠해진 뒤에도 높은 환율과 항공권 가격에 대한 반동으로 국내 여행이 활성화되었습니다.

코로나19가 바꾼 풍경 중 하나가 바로 국내 로컬 스폿들의 변화입니다. 이제 양양, 경주, 제주도 등 다양한 지역의 카페와 바, 편집숍이 색다른 매력으로 관광객을 이끕니다. 특히 패션, F&B Food&Beverage, 그리고 숙박업에서 로컬이 가져온 변화를 소개하려고 합니다.

발란사는 부산을 거점으로 작은 소품숍 정도의 규모로 출발했으나, 이제는 데상트, 시에라디자인 등 국내외 브랜드와 컬래버레이션을 진행할 정도로 인지도 높은 브랜드로 자리 잡았습니다. 제주도 애월읍의 소길별하는 개인의 취향과 라이프스타일에 로컬의 지역색을 더해 더욱 풍성한 머천다이징을 보여주며, 구좌읍의 파앤이스트는 재기 발랄한 패브릭과 철물을 이용한 소품을 소개합니다. 이러한 로컬 브랜드는 규모 있는 브랜드와의 협업을 통해 서서히 인지도를 쌓으며 젊은 층을 중심으로 팬덤을 형성하는 중입니다.

식품이나 커피의 경우 로컬의 깊이감이 훨씬 더 풍부하게 나타납니다. 안 먹어본 사람은 있어도 한 번만 먹어본 사람은 없다는 춘천의 감자밭이나 한국의 바리스타 문화를 한 단계 업그레이드했다는 평가를 받는 강릉의 카페 테라로사는 이제 서울에서도 만나볼 수 있을 정도로 성장했습니다. 튀김 소보로빵으로 유명한 대전의 성심당은 대전을 방문한다면 반드시 들러야 하는 지역 빵집의 대명사가 되었고, 통옥수수빵으로 유명한 대구의 삼송빵집 또한 대구 지역을 대표하는 베이커리로 널리 알려졌습니다.

지난 수십 년간 시장의 판도가 크게 변화하지 않던 주류 시장에서 로컬이 가져온 변화 또한 뜨겁습니다. 제주맥주, 부산 IPA, 구례 Mild같이 다양한 지역명을 담은 팬시한 디자인의 캔 맥주를 전국 편의점에서 쉽게 구입할 수 있습니다. 위스키를 출시하거나 지역 전통주의 패키지를 예쁘게 리뉴얼하고, 오랜 역사를 지닌 양조장을 현대적으로 브랜딩하는 사례도 지속적으로 소개되고 있습니다. 음주 문화가 취하기 위해 폭탄주를 섞어 마셨던 것에서, 이제 로컬의 맛을 즐기기 위해 음식과 페어링하고 음미하는 방향으로 변화한다는 점에서 대단히 긍정적인 현상입니다.

마지막으로 숙박업에서의 변화는 지역의 균형 발전에 도움이 된다는 점에서 가장 주목할 만한 흐름입니다. 국내 여행이 보편화됨에 따라 숙박비에 대한 심리적 마지노선이 조금씩 상승했습니다. 이제 소비자는 국내 여행지라도 충분히 매력적인 숙소라면 1박에 20~30만 원 정도는 지불할 의사를 지니게 되었습니다.

덕분에 전국의 숨겨진 보석 같은 숙소를 큐레이션하는 스타트업인 스테이폴리오는 코로나19 상황에서도 빠르게 성장했습니다. 처음에는 서촌의 한옥을 리뉴얼해서 렌트하던 회사가 이제는 '파인 스테이fine stay'를 모토로 수십 개의 숙소를 큐레이션하며 지속적으로 비즈니스 모델을 다변화하고 있습니다. 이들이 선보이는 훌륭한 지역 숙소는 우리가 특급 호텔이나 해외 숙소에서나 기대했던 세련된 인테리어와 고급스러운 어메니티를 자랑합니다. 스테이폴리오는 서촌의 한옥이나 제주의 돌집뿐만 아니라 각 지역의 정서를 담아낸 콘텐츠를 제공하여 국내 여행의 새로운 장을 열어가고 있습니다.

각 지역의 정서를 담은 복합 문화 공간 또한 세련된 콘텐츠를 선보이며 로컬 문화를 현대화하는 중입니다. 복합 문화 공간이란 장소를 대관하거나 행사 등을 기획하여 사람들을 끌어모으는 공간을 뜻하는데, 지역 상권에 이러한 움직임이 꽤 활발하게 일어나고 있습니다. 고성의 글라스하우스는 지속적으로 다양한 브랜드의 행사를 진행하면서, 로컬의 고유성이 젊은 감각과 크리에이터들을 만나면 얼마나 다채롭게 뻗어나갈 수 있을지 증명한 대표적인 사례입니다. 국내 소금을 기반으로 생활용품을 제조하는 브랜드 솔트레인은 글라스하우스에서 팝업 스토어를 열어 비치타월과 쇼퍼 백을 선보였으며, 싱글몰트 스카치위스키 브랜드 탈리스커는 '보트 하우스 boat house'라는 팝업 스토어를 진행했습니다. 고성 해변이라는 장소의 특성을 잘 활용하여 브랜드의 이미지를 효과적으로 보여주었습니다.

10년 전만 해도 인구가 적은 지역으로 여행을 가면 딱히 놀고 즐길 만한 것이 많지 않다고 느껴졌습니다. 《나의 문화유산답사기》에 나온 유명 관광지를 둘러보는 정도가 전부였습니다. 하지만 이제 지역 콘텐츠를 담은 멋진 브랜드들이 하나둘씩 소개되고 있습니다. 정리해둔 국내 여행지 리스트가 하루가 다르게 꾸준히 늘어갑니다.

일본에는 오미야게 おみやげ라는 문화가 있는데, 이는

지역에 출장이나 여행을 다녀오면서 그곳의 특산물을 지인들 선물용으로 구매하는 것을 의미합니다. 섬으로 둘러싸인 데다가 지역별로 고유한 문화적 특색이 남아 있기 때문에 생겨난 문화로, 각 지역의 중앙역에는 화과자를 비롯해 선물용 특산물 가게를 여럿 볼 수 있습니다. 일본 디자이너 나가오카 겐메이長岡賢明가 일본 각 지역의 전통을 소개하기 위해 만든 디앤디파트먼트D&Department 프로젝트는 2020년 제주도에 상륙하였습니다.

일본에는 주요 도시를 연결하는 신칸센뿐만 아니라 일반 철도, 사유 철도 등 지역을 잇는 수많은 노선이 있습니다. 이에 비해 모든 것이 서울 중심이라 잊혔던 우리나라의 로컬은 이제 막 발견되는 중일지도 모릅니다. 저는 요즘 한 달에 한 번 주말을 이용해 지역 여행을 다녀오고 있습니다. 그때마다 발견하는 새로운 로컬 브랜드들이 얼마나 자랑스럽고 아름다운지 모릅니다. 여러분도 명승지나 사찰과 함께 로컬 브랜드를 찾아 나서는 여행을 계획해 보면 어떨까요? 분명 예전과는 달라졌다는 사실을 알게 될 것입니다.

당근마켓이 흥하는 이유

2023년 네이버가 미국 1위 중고 거래 애플리케이션 포시마크Poshmark를 인수했습니다. 인수가가 무려 1조 7000억이나 되는 규모도 큰 화제였지만, 무엇보다 한국 기업이 미국의 중고 거래 플랫폼에 투자하는 이유에 대해서 이견이 분분했습니다.

국내 시장에서 중고나라로 대표되는 세컨드 핸드 시장이 뜨겁게 달아오른 지가 꽤 되었습니다. 2015년 출시되어 대표적인 국내 중고 거래 애플리케이션으로 자리잡은 당근마켓은 2021년 기준 약 3조 원이 가치가 있다는 평가를 받았고, 투자금을 꾸준히 유치하고 있었습니다. 2021년 롯데는 중고나라에 300억 원을 투자했고, 이에 질세라 신세계는 2022년 번개장터에 투자했습니다. 서울대학교 재학생이 학내 벼룩시장으로 만든 스누마켓으로 시작한 마켓인유는 가파르게 성장하여 2022년 현대백화점에 입점했습니다. 럭셔리 중고제품을 거래하는 구구스 또한 약 1500억 원에 인수되며 시장을 놀라게 했습니다.

최근 세계적으로 중고 거래 시장이 급부상한 현상 뒤

에는 급격히 얼어붙은 소비시장과 환경에 대한 대중적 인식, 더 이상 새로운 것이 없는 패션에 대한 냉소 등 복합적인 이유가 있습니다. 하지만 가장 결정적인 요인은 모든 개인이 커머스화되는 최근의 IT 환경입니다. 이제 스마트폰 하나만 있으면 모든 개인은 옷장에 잠든 상품을 촬영해 중고 거래 플랫폼에 업로드할 수 있습니다. 당근 페이나 네이버 안전 결제와 같은 간편 결제 시스템이 상용화되고 편의점 택배라는 초인접 물류 시스템이 마련되어 더 손쉬운 거래가 가능해졌습니다.

소셜미디어도 커머스 기능에 초점을 맞추고 있습니다. 인스타그램과 유튜브를 비롯한 대부분의 소셜미디어는 훌륭한 광고 수단으로 고도화되는 중입니다. 우리나라의 대표적인 포털 사이트인 네이버와 카카오도 커머스 기능에 집중하고 있습니다. 2022년 카카오의 남궁훈 대표는 "우리 사업의 본질은 광고와 커머스라는 결론에 이르렀다"라고 언급한 바 있습니다.

소셜미디어의 수많은 인플루언서가 '공동 구매'나 '프리오더' 방식으로 마켓을 진행하고 있습니다. 이는 판매자가 제품을 구입하지 않은 상태에서 샘플만으로 제품을 홍보한 뒤 주문받은 수량대로 도매시장에서 매입해 일괄 배송하는 방식으로, 유명세와 친근함을 활용해

손실의 위험을 줄이고 안정적으로 다양한 제품을 판매할 수 있다는 장점이 있습니다.

스마트폰 환경에 최적화된 라이브커머스 또한 급격히 성장하는 플랫폼으로, 홈쇼핑보다 캐주얼한 형식에 젊은 세대의 호응을 얻고 있습니다. 시장이 커지면서 라이브커머스 쇼호스트를 위한 전문 교육기관 및 스튜디오도 생겨나는 중입니다.

앞으로도 우리는 점점 더 쉽고, 편하고, 값싸게 상품을 사고팔 수 있게 될 것입니다. 사실상 물건뿐만 아니라 서비스, 아이디어를 거의 0원에 가까운 거래비용으로 교환할 수 있습니다. 제 지인 중에도 쉬면서 쿠팡 이츠 배달 아르바이트를 하고, 프리랜서 형태로 롱블랙과 같은 구독 서비스 플랫폼에 원고료를 받고 글을 기고하는 이들도 있습니다.

이러한 시장 환경에서는 결국 숨겨진 수요를 발굴하는 큐레이션이 중요해지고, 대량생산한 제품보다는 희소한 상품의 가치가 각광받을 것입니다. 결과적으로 크리에이터의 부가가치가 가장 중요해지는 것입니다.

당근마켓

POSHMARK

번개장터

중고 거래가 급부상하는 현상 뒤에는
모든 개인이 커머스화된 배경이 있다.

상품, 서비스, 아이디어를
0원의 거래비용으로 교환할 수 있다.

모든 소셜미디어는 커머스다

1990년생 후배와 최근 어떤 소셜미디어를 어떤 목적으로 활용하느냐에 대한 대화를 나눈 적이 있습니다. 평소에 크게 느끼지 못했던 세대 차이가 여기서 명확하게 드러나는 것 같았습니다. 지인들과 친목을 도모하거나, 새로운 소식을 듣기 위해 소셜미디어를 사용하는 저와 달리 후배는 무언가를 기록하고 만들기 위해 소셜미디어를 쓴다는 것이었습니다.

특히 다양한 소셜미디어를 목적에 따라 각기 다르게 쓴다는 이야기가 꽤나 흥미로웠습니다. 예를 들면 정치적 프로파간다를 주장하는 사람들은 트위터를, 네트워크로 인맥 관리를 하는 사람들은 페이스북을, 일상과 감성을 공유하고 싶은 사람들은 인스타그램을, 창의성을 발휘하여 콘텐츠를 창작하는 사람들은 틱톡을 많이 쓴다고 하더군요. 꽤 명확하고 압축적인 설명이라 인상적이었는데, 실제로 주변을 둘러보면 그러한 사례가 많았습니다. 40대 이상 조직 관리자급이 페이스북을 통해 근황을 알리는 데 집중한다면, 상대적으로 젊은 20대는 숏 필름 형태의 영상으로 감각적인 아이디어를 공유하는 식입니다.

유튜브와 인스타그램이 틱톡의 형식을 벤치마킹하여 숏폼 콘텐츠를 공유하는 서비스인 쇼츠와 릴스를 제공한 지 오래입니다. '대학내일 20대 연구소'가 2022년 실시한 설문조사에 따르면 '최근 6개월 내 숏폼 플랫폼을 이용한 경험이 있다'고 응답한 Z 세대는 81.2퍼센트로 집계됐습니다. 짧은 동영상을 보다가 밤을 새우는 '숏폼 중독'을 호소하는 이들도 늘어나고 있습니다. 이러한 영상 중에는 직접 만든 게 아니라 기존 영상을 편집한 메타 영상으로 높은 조회 수를 기록하는 경우도 많습니다. 큰 자본 없이도 창의력과 약간의 노(동)력만으로 수천, 수만 명이 주목을 끌 수 있는 것입니다.

김정운 교수는 2014년 《에디톨로지》에서 편집 또한 창조라고 밝힌 바 있습니다.

세상의 모든 창조는 이미 존재하는 것들의 또 다른 편집이다. 해 아래 새로운 것은 없다. 하나도 없다! 창조는 편집이다.

소셜미디어는 큰돈을 들이지 않고 아이디로 콘텐츠를 생산하고, 더 나아가 이를 자본으로 연결 지을 수 있는 가능성을 지닌 플랫폼입니다.

60억 명의 인구, 60억 개의 쇼핑몰

거래비용이 0원인 시대가 다가오는 동시에 미디어의 커머스화가 발 빠르게 진행되고 있습니다. 통념과 다르게 페이스북도 사실은 소셜미디어가 아닌 커머스인 것이고, 인스타그램 또한 비즈니스 모델을 단순화하면 커머스입니다. 페이스북과 인스타그램은 개인이 누른 '좋아요'와 친구의 유형, 위치 정보와 구매한 상품의 데이터 등을 활용해 그 누구보다 정확하게 우리의 소비 성향을 예측하고 있습니다. 우리 모두는 정교하게 설계된 알고리즘에 따라 나와 취향 및 관심사가 비슷한 브랜드, 친구, 제품에 노출되어 점점 더 섬세하게 닫힌 소비를 하고 있는 중입니다.

소셜미디어에 콘텐츠를 올리는 업로더는 광고 미디어이자 판매자인 동시에 소비자입니다. 이미지든 텍스트든 노출된 콘텐츠에는 다 의도가 있고, 그 의도는 넓은 의미에서 대가를 바라며, 궁극적으로는 상품을 판매하도록 설계되어 있습니다.

그런 의미에서 모두가 각자의 소셜미디어를 운영한다고 가정한다면, 전 세계 60억 인구는 각각 자신의 쇼핑몰을 운영하고 있는 것이 됩니다. 그리고 각자의 계정은 연동된 다양한 서비스로 엮여있어서, 우리 모두가 다단계 조직의 회원으로 살아가고 있다 해도 과언이 아닙니다. 해시태그를 통해, 또 좋아요를 통해 하루하루 상품을 구매하는 의사결정에 직간접적으로 영향을 주고받으니 말입니다. 저 또한 '여뱅'이라는 브랜드의 커머스를 위해 블로그와 인스타그램을 꾸준히 운영하고 있는데, 제품 후기를 올리면 제 글을 보고 구매했다는 댓글이 달리곤 합니다. 저도 타인의 소셜미디어를 보면서 소비를 결정하는 경우가 점점 늘어나고 있습니다. 이것이 바로 커머스입니다.

이에 따라 주요 광고 통로가 기존의 4대 매체(라디오, 텔레비전, 신문, 옥외광고)에서 소셜미디어로 이동하고 있습니다. 시상식에서 배우에게 옷을 협찬하고, 드라마 PPL 형태로 이뤄졌던 광고 비중의 다수를 개인 크리에이터가 넘겨받게 되었습니다.

이러한 현상을 역설적으로 보여주는 사례가 한창 온라인 세상을 떠들썩하게 했던 '뒷광고' 논란입니다. 뒷광고는 유튜브나 인스타그램 등의 소셜미디어에서 구독자나 팔로어에게 광고가 아닌 척하면서 실제로는 광고를 하는 행위를 뜻하는 신조어입니다. 수많은 폭로와 제보가 뒤따르며 한동안 수십 명의 유튜버가 채널을 닫아야 했고, 사과 방송이 연일 피드를 장식했습니다.

사실 의도를 명확히 드러내지 않고 간접적으로 광고를 하는 것은 4대 매체가 늘 익숙하게 해오던 일입니다. PD나 연예인, 기자도 수많은 특권을 누려왔죠. 뒷광고 논란은 크리에이터에게 얼마나 간접적인 광고가 급물살을 탔는지 보여줄 뿐만 아니라, 대중이 4대 매체와 소셜미디어를 다르게 인식하고 있다는 사실을 보여줍니다. 유명인들이 소셜미디어 계정을 통해 무언가를 판다는 느낌이 들면, 팔로어들은 위화감을 느낍니다. 애초에 유튜브는 친구와 대화하듯 편하게 보는 플랫폼인데, '나한테 뭘 팔려고 한다'는 느낌이 들면 그 채널의 매력은 반감될 수밖에 없죠.

지금은 협찬받지 않은 제품을 소개할 때는 내돈내산('내 돈 주고 내가 산 제품'을 줄여서 이르는 말)이라 표기하고, 광고에 대해서는 자막이나 해시태그를 달아 명확하게 광고라고 표기하는 것으로 규제 방안이 만들어졌습니다. 개인이 미디어화되며 4대 매체의 영향력을 나눠 가지는 흐름은 피할 수 없는 것으로 보입니다.

1만 시간의 법칙보다는 1만 명의 팔로어

세계적인 IT 매거진 《와이어드WIRED》를 창간한 케빈 켈리Kevin Kelly는 일찍이 '1,000명의 진정한 팬' 이론을 주창했습니다. 원래는 2008년에 자신의 블로그에 쓴 짧은 에세이였으나, 《타이탄의 도구들》이라는 책을 통해 다시금 주목받았죠.

천 명의 팬 이론은 '공예, 사진, 미술, 애니메이션과 같은 창작 활동을 하는 분야에서 천 명의 팬이 있으면 생계를 유지할 수 있다'고 간단하게 요약할 수 있습니다. 그 예시나 논증 방식이 산수에 가까운 것이어서 이 숫자가 얼마나 훌륭한 인사이트를 주는지는 모르겠지만, 창작 활동과 관련된 흥미로운 관점을 제시하는 것만은 분명합니다. 더욱이 100만 명이라는 달성하기 어려운 숫자로 현혹하는 것보다, 천 명이라는 현실적인 목표를 제시해 더 설득력 있고 희망적으로 다가옵니다.

불과 몇 년 전만 해도 '1만 시간의 법칙'이라는 아이디어가 유행했습니다. 한 분야에 오랫동안 자원을 투자하면 대가의 반열에 오를 수 있으니 한 가지를 꾸준히 묵묵하게 하라는 조언이었습니다. 하지만 지금 같은 시대에는 1만 시간의 법칙보다는 1만 명의 팔로어가 선택받기 위한 더 효율적인 수단일 수 있습니다. 최근 젊은 세대가 크리에이티브로 두각을 나타내는 분야는 비단 소셜미디어에 국한되지 않습니다. 음악, 미술, 패션 등 다양한 분야에서 비제도권의 신예가 놀라울 정도로 완성도 높은 결과물을 보여주는 사례를 자주 볼 수 있습니다.

갓 데뷔한 아티스트가 경력이 많은 아티스트보다 더 시선을 사로잡는 퍼포먼스를 보여주기도 하고, 한동안 정체되었던 패션 분야에 혜성같이 등장해 새로운 콘셉트와 아이디어로 세계적인 팬덤을 형성하는 브랜드도 생기고 있습니다. 저로서는 매우 생소한 방식으로 매장을 구성했던 젠틀몬스터나 아더에러 같은 패션 브랜드가 그러한 경우입니다. 등단이라는 기성의 방식을 활용하지 않고 구독 서비스로 팬덤을 형성하고 있는 이슬아 작가나 소셜미디어로 고유한 화풍을 선보여 많은 이들의 호응을 받고 있는 콰야 작가도 여기에 해당합니다.

도제식으로 이루어졌던 관행과 관습을 깨고, 창의적인 분야에서 젊은 나이에 일약 스타로 주목받는 사례가 점점 늘어나고 있습니다. 이제 수련과 노력을 통해 성장하기보다는 서로가 서로의 팬이나 스승이 되어 팬덤을 이뤄나가는 시대가 왔고, 문화적 다양성을 알아봐줄 수 있는 성숙함이 자리 잡았음을 실감합니다. 과거에도 앙팡 테리블enfant terrible로 주목받는 신인들이 자주 나오긴 했으나, 그 속도와 파급력이 훨씬 강해지는 중입니다. 이러한 변화는 편리하게 대중에게 흥행성을 시험하고 잠재력을 평가받을 수 있는 소셜미디어 환경과 무관하지 않습니다.

내 취향의 지형도를 만들어라

60억 개의 소셜미디어, 더 나아가 60억 개의 커머스가 있는 시대. 선택받기 위해서 개인과 브랜드는 끊임없이 각축전을 벌일 수밖에 없습니다. 매일 새로운 크리에이티브를 접하다 보니 대중의 감각도 매우 날카로워졌습니다. 하지만 여러 차례 강조했듯 이 감각이라는 것이 눈에 보이는 지표가 아니기 때문에, 비슷한 주제로 콘텐츠를 올려도 왜 누구는 나보다 몇 배 이상의 좋아요를 받고, 비슷한 제품을 출시해도 왜 그 브랜드의 제품만 더 많은 사랑을 받는지 아리송하고 답답할 때가 많습니다.

저는 어려서부터 옷 잘 입는 이들을 동경했고, 글을 쓰는 작가가 멋있어 보여 고등학교 때는 문예반 활동을, 대학 시절에는 주보사 기자를 하면서 자주 글을 써왔습니다. 이후에는 《보그》와 《GQ》와 같은 패션 매거진의 사진에 빠져 필름 카메라인 펜탁스 MX로 시작해 사진도 배웠죠. 얼핏 서로 연관성이 없어 보이지만, 돌이켜 보면 아름다움과 관련된 것을 꾸준히 좋아했던 것 같습니다. 갤러리 현대, 국제갤러리, 학고재와 같은 국내 정상급 갤러리와 인사동을 자주 오갔던 것도 미감을 깨우치는 데 도움이 되었습니다.

그러다 보니 시간이 흐르며 눈에 차지 않는 것들이 생기기 시작했습니다. 괜히 카페에 놓인 카피 가구가 불편해 보였고, 굴림체로 쓰인 보고서는 읽기조차 싫었으며, 유행하는 노래가 무작위로 뒤섞여 흘러나오는 미용실에는 가지 않게 되었어요. 그렇다고 제 취향이 고급스러워서 남들보다 좋은 것을 많이 경험한 것도 아니고, 날카로운 감각으로 조직에서 인정받는 인재도 아니었습니다. 다만 어떤 것이 선택받기 유리하며, 누가 감각이 좋은지 더 빨리 알아볼 수는 있게 되었습니다.

제가 결론 내린 감각이 좋다는 것의 의미는 '나를 잘 표현하는 것'입니다. 저는 글이든, 음악이든, 춤이든, 향이든 무언가를 멋지게 표현할 수 있다면 곧 훌륭한 감각을 지녔다고 생각합니다. 하지만 이는 대기업의 조직 생활에 익숙했던 저를 포함해, 사회생활을 하는 이라면 무척 어려운 항목일 것입니다.

지인들과 '어떤 직업군이 가장 옷을 잘 입을까'를 주제로 토론을 벌인 적이 있습니다. 대부분은 패션 에디터, 백화점 바이어, 브랜드 디자이너같이 관련 업계에서 일하는 이들이 옷을 잘 입는다고 생각할 것입니다. 하지만 저희는 대체적으로 뮤지션이 옷을 잘 입는다고 입을 모았습니다.

실제로 스타일링을 잘하는 이들 중에는 인디 밴드나 래퍼처럼 음악 계통에 종사하는 경우가 많습니다. 이유는 간단합니다 이들은 자신이 라이프스타일과 취미, 취향을 오랜 시간 일관되게 계발했기 때문입니다. 메탈이나 펑크, 힙합 등 대부분의 패션 스타일이 음악에서 유래했다는 사실을 생각해 보면 그리 놀라운 일은 아닙니다. 가령 고스룩goth look은 메탈 밴드의 코스튬에서 유래했고, 힙합도 말 그대로 래퍼들의 옷차림에서 영감을 얻어왔으니까요.

옷을 잘 입는다는 것은 곧 자신을 타인에게 잘 표현하는 것입니다. 그 때문에 이들 중에는 스스로에게 관심이 많고 훌륭한 감각을 지닌 사람들이 많습니다. 예술가란 자고로 자신의 에고ego를 강하게 탐색하고 이를 해석해 표출해야 하기에 스스로의 스타일링에 대해 더 예민한 태도로 고민할 거예요.

그런 의미에서 저는 옷을 제일 잘 입는 사람이라고 하면 스티브 잡스Steven Jobs를 꼽고 싶습니다. 그가 일관되게 고수했던 이세이 미야케의 터틀넥과 리바이스 데님, 그리고 뉴발란스 992 스니커즈의 조합에는 미니멀을 추구한 그의 삶과 철학, 직업이 농축되어 있습니다. 자신이 지향하는 철학을 하나의 이미지로 응집해 보여주는 아주 날카로운 전략이죠. 폰트에 대한 철학부터 지금 애플의 정체성을 형성한 미학까지, 그 단순한 스타일을 계발하기 위해 오랫동안 공부하고 또 고민했을 것입니다.

자기 취향의 지형도를 잘 개발하는 사람은 수많은 사람들 속에 있어도 시선을 끌고, 자연스럽게 많은 이에게 영감을 주는 존재가 됩니다.

60억 개의 소셜미디어,
60억 개의 커머스가 있는 시대에는
내 취향의 지형도로 승부해야 한다.

유행을 따르는 트렌드세터가 아니라
취향을 만드는 테이스트세터

　지금껏 보지 못한 생경한 스타일일지라도 무엇과 어떻게 매칭하면 어울릴지 귀신같이 잘 알아내는 이들이 있습니다. 분명 나와 같은 인테리어 플랫폼을 이용했는데, 색다른 느낌의 러그와 나는 생각지도 못한 색의 의자를 들여놓아 메인에 노출되고, 해당 분야의 인플루언서로 자리 잡습니다. 같은 요리를 해도 플레이팅을 할 때 인스타그래머블하게 꾸미는 노하우가 있어, 더 많은 팔로어를 모으고 더 많은 기회를 얻게 됩니다.

　이런 사람들은 일상도 더 풍요롭게 꾸릴 가능성이 높습니다. 좋은 전시를 잘 찾아 관람하고, 플레이리스트는 처음 듣는 뮤지션의 감각적인 트랙으로 가득합니다. 요즘 즐겨 찾는 식당을 추천해 달라고 하면 자신만의 숨겨진 맛집 리스트를 줄줄 외웁니다. 흔한 반스 어센틱 슈즈를 신어도, 평범한 리바이스 501을 입어도 자신과 잘 어울리게 스타일링합니다. 일부러 신발 끈을 살짝 느슨하게 묶는다든가, 데님의 밑단을 롤업해서 자연스럽게 자신만의 연출을 가미합니다.

저는 처음에 이런 사람들은 트렌드를 사주 같은 것을 봐서 예측하나 싶었습니다. 아니면 전문교육을 따로 받거나, 남몰래 집에서 연습을 하는 것은 아닐까 의심스럽기까지 했죠. 그런데 크리에이티브 분야에 종사하는 이들과 교류하다 보니 이들의 감각이란 자연스럽게 삶과 문화에 젖어들며 자신만의 기질이 쌓여 발현된다는 사실을 알게 되었습니다.

그런 점에서 어린 시절부터 다양한 문화를 경험하고 특정 분야에서 최고의 것만 접한 사람들에게 더 유리한 측면이 있는 것도 사실입니다. 하지만 무엇보다 중요한 것은 감각과 취향을 온전히 자신의 것으로 만들기 위한 지속적인 노력입니다. 제게 처음으로 넷플릭스의 〈기묘한 이야기〉를 소개해 준 그 친구도, 한옥 고가구의 미감에 눈을 뜨게 해준 그분도 마찬가지였습니다.

왕성한 호기심으로 새로운 것을 끊임없이 탐구하며, 사람들과 대화하며 일어나는 스파크에 자극되고, 기존에 없던 것을 재창조하는 데서 감흥을 느끼는 사람들. 이런 사람들은 단순히 트렌드세터trend setter라 하기엔 설명할 수 없는 또 다른 무엇이 있습니다.

그래서 저는 이들을 테이스트세터taste setter라 칭하고자 합니다. 이런 테이스트세터에게는 독창적인 면모가 있습니다. 요즘 유행하는 것이나 사람들이 다 구입하는 것은 잘 쓰지 않는데도 세련되어 보입니다. 기성품조차 자신만의 것으로 마킹하는 놀라운 능력이 있습니다.

실제로 브랜드brand의 어원은 '불로 낙인을 찍는다'는 의미의 노르웨이어 'brandr'이라는 설이 지배적입니다. 과거에는 불에 달군 인두로 식료품 등에 원산지를 새겨 넣었는데, 이렇게 소비자의 선택을 받기 위해 고유한 표시를 마킹하는 것이 브랜딩의 어원이 된 것입니다.

60억 커머스가 존재하는 시대, 여러분은 어떠한 취향을 마킹할 것인가요?

지금은 유행을 따르는
트렌드세터가 아니라,
취향을 만드는 테이스트세터가
시장을 이끈다.

4 / 7

DETAIL :

사람들이 모르는 것부터 바꾼다

#취향의 세분화

#브랜드 로고

#타이포그래피

블루와 튀르쿠아즈,
세룰리안블루의 차이가 가져온 엄청난 결과

동명의 소설을 원작으로 하는 영화 〈악마는 프라다를 입는다〉는 최고의 패션 매거진 《보그》의 편집장 애나 윈터를 모델로 패션 업계의 에피소드를 흥미롭게 그려낸 영화입니다. 주인공인 미란다와 앤디의 멋진 착장과 매력적인 명대사, 패션업계의 다양한 면모를 흥미롭게 보여주어 세계적으로 흥행에 성공했죠.

패션을 모티브로 한 영화는 많지만, 그중에서도 〈악마는 프라다를 입는다〉는 제게 인생의 전환점이 된 의미 있는 작품입니다. 바로 저에게 디테일의 중요성을 알려주었기 때문입니다.

영화 중반부에 편집장인 미란다가 사무실에서 직원들과 두 개의 비슷한 색깔을 두고 무엇이 더 잘 어울릴지를 고민하던 때, 이를 지켜보던 앤디가 조용히 비웃으며 말합니다.

"두 개의 파란 벨트 색깔이 제 눈에는 똑같아 보여요. 저는 아직 이런 건stuff 익숙하지 않네요."

그러자 미란다는 정색을 하며 다음과 같이 말합니다.

"이런 거라고? 너는 그 보풀이 잔뜩 일어난 파란색 스웨터를 입고 대단히 지적인 척 얘기하는데 사실 너는 그 옷이 무슨 색인지도 모르고 있어. 그 색은 그냥 블루나 튀르쿠아즈turquoise가 아니야. 정확히는 세룰리안블루cerulean blue지. 물론 넌 당연히 모르겠지만 디자이너 오스카 드 라 렌타Oscar de la Renta와 이브 생 로랑이 모두 그 색을 선택했고, 이후 수많은 디자이너가 그 컬러로 컬렉션을 만들어 엄청난 대박을 쳤어. 그렇게 백화점에서 명품으로 사랑받다가 결국 네가 애용하는 그 아웃렛 할인 코너에서 널 만난 거지. 시즌이 마감될 때까지 그 컬러로 인해 수백만 달러의 이익과 일자리를 만들었다고. 그런데 패션계가 그토록 심혈을 기울여 선택한 색인데도 그런 걸stuff 입은 채 너가 지금 패션을 경멸하는 수단으로 얘기하는 게 참 웃기지 않니?"

만져보고 입어보아도 잘 알 수 없는 디테일에 집착하는 사람들이 새로움을 보여주기 위해 경쟁하는 곳. 예민하게 보지 않으면 인지할 수 없는 것을 두고 경쟁하는 곳이라는 점에서, 미란다의 설명은 단 몇 문장만으로 패션이라는 분야에 경외심을 갖게 만들기에 충분했습니다. 이 영화를 보고 난 뒤 오래지 않아 저는 백화점에 입사했는데, 백화점에서 일하게 된 100여 가지 이유 중 하나가 바로 이 영화가 아니었을까 합니다.

핸드폰과 자동차를 구매할 때도 예전에는 하얀색이나 검은색, 조금 더한다면 회색이나 빨간색 정두의 선택지가 있었다면 이제는 시에라 블루(아이폰 13)나 레피시스 블루(제네시스 G80)와 같이 선택지가 세분화되고, 심지어이것이 구매를 결정하는 데도 결정적인 영향을 미치고 있습니다.

BBC 탐사 보도 전문 기자인 자크 페레티Jacques Peretti는 《세상을 바꾼 10개의 딜》에서 애플이 아이폰을 다양한 색상으로 출시하는 현상을 분석합니다. 아이폰 1세대가 실버 단일 모델이었던 것과 비교할 때, 지금은 매년 봄 퍼플, 알파인 그린 등 색상을 다양하게 변주하고 있습니다. 이에 대해 저자는 아이폰의 초기 디자이너였던 댄 크로

와의 인터뷰를 통해, 이는 기술 혁신이 둔화됐다는 뜻이며 혁신의 속도가 느려질 때 색깔로 차별화할 수밖에 없다고 이야기합니다.

예전에는 성능으로 경쟁했다면, 지금은 기종의 색깔과 카메라 색감으로 경쟁합니다. 이제 사람들은 게임을 플레이할 때 그래픽이 깨지는지의 여부, 발열 정도, 줌 기능, 셀피 품질 등을 비교하여 스마트폰을 구매합니다. 새로운 모델을 출시할 때, 거창한 혁신이 아닌 쉽게 눈에 띄지 않는 미세한 변화만이 있을 뿐입니다. 잘 보이지 않는 변화로 성패가 갈리는 것, 그것이 지금 모든 브랜드가 겪고 있는 현실입니다.

샤오미가 3억을 주고
아무도 모르게 로고를 바꾼 이유

중국을 대표하는 전자제품 브랜드 샤오미가 2017년 일본의 세계적인 디자이너 하라 켄야原研哉에게 의뢰해 2021년 교체한 로고는 큰 논란을 불러일으켰습니다. 대중이 보기엔 바뀐 것이 거의 없어 보였기 때문입니다. 많은 이들이 고작 이걸 바꾸기 위해 무려 5년 동안 약 3억

(200만 위안)이나 들였다며 비판했죠. "나는 20만 위안이면 할 수 있다"고 조롱하기도 했고, 심지어 "샤오미가 사기당했다"고 평하기도 했습니다.

브랜드의 이미지를 변화시키기 위해 시간과 비용을 투자하여 로고를 교체했는데, 도리어 비난 여론이 생기는 것은 샤오미만의 일은 아닙니다. 2010년 미국의 캐주얼 브랜드 갭Gap은 교체된 로고를 공개하자 비난 여론과 함께 불매운동까지 일어났습니다. 반면 2021년 버거킹은 과거에 사용했던 로고에 대한 향수와 애착이 있다는 소비자 조사 결과를 바탕으로 로고를 20년 만에 1964년에 쓰였던 것과 비슷한 디자인으로 변경하였습니다. 이는 브랜드의 로고 교체가 여론과 무관할 수 없음을 보여 줍니다.

하라 켄야는 무인양품MUJI에서 오랜 기간 일본의 미니멀리즘을 세계인의 취향에 맞게 디렉팅한, 디자이너들의 디자이너로 알려진 사람입니다. 산업디자인 분야에서 명성이 높은 것은 물론이고 그 누구도 따라갈 수 없는 고유한 색깔의 포트폴리오를 가지고 있는데, 그의 업적에 비해 시장의 냉정한 비판이 한편으로는 아쉬웠던 것이 사실입니다.

로고 디자인은 단순히 예뻐 보이는 것을 넘어 브랜드의 정체성과 가치, 방향성을 담아내야 하는, 매우 과학적이고도 정밀한 작업입니다. 실제로 하라 켄야는 샤오미 공식 영상에서 로고 교체에 샤오미의 철학뿐만 아니라 시대정신까지 고려했다고 이야기합니다.

기술은 점점 더 발전하며 우리의 삶을 엮어내고 있습니다. 끊임없이 공고해지는 인간과 기술 사이의 유대는 저에게 "Alive"라는 콘셉트에 대한 영감을 주었습니다. 이 디자인 철학은 회사의 철학과도 완벽하게 부합합니다.

따라서 새로운 로고는 단순히 모양을 다시 디자인하는 것을 넘어, 샤오미의 정신을 캡슐화한 것입니다. 새로운 로고는 근본적으로 매우 다양한 의미를 포괄하는 "Alive" 콘셉트를 반영한 것이라 볼 수 있습니다.

샤오미의 새로운 로고는 어떻게 보여야 할까 고민하며, 저희는 원형과 사각형을 광범위하게 탐구했습니다. 이러한 과정에서 우리는 수학 방정식과 맞닥뜨렸습니다. 이 방정식에 다양한 n을 대입하면, 원형과 사각형 사이에 있는 다양한 형태가 도출됩니다. 결국 우리는 'n=3'으로 결정했습니다. 이 모양은 원형과 사각형 사이에서 완벽한 균형을 이루며, "Alive"의 핵심적인 측면을 잘 반영합니다.

경쟁에서 살아남기 위해 브랜드는 당장 눈에 보이는 것이 아니라 지금은 눈에 보이지 않더라도 결국에는 소비자의 인식에 파고드는 것을 바꾸기 위해 노력합니다. 샤오미가 로고를 통해 전달하고자 한 것은 미세한 굴곡에 있는 "Alive"의 정신이었습니다.

샤오미 로고 변경 전

샤오미 로고 변경 후

버버리, 발망, 발렌시아가의 차이는
로고로부터

로고 변경은 샤오미와 같이 그 변화의 폭이 작은 경우도 있지만, 훨씬 더 폭넓은 변화를 담는 경우도 많습니다. 서체를 바꾸기도 하고, 그래픽이나 색깔을 다르게 하기도 하고, 심지어 브랜드 네이밍 자체를 변경하기도 합니다.

특히 디렉터에게 전권을 위임하는 것이 일반적인 패션 브랜드에서는 디렉터가 취임하면 새로운 비전을 내세우고 콘셉트를 재정립한다는 취지로 브랜드 네이밍을 바꾸는 것이 흔한 일입니다. 2022년 영입된 맥시밀리언 데이비스Maximilian Davis가 브랜드명을 살바토레 페라가모에서 페라가모로 줄이고, 페라가모를 상징하던 흑백이 아닌 팬톤 레드를 상징 색으로 공식화한 것이 대표적인 사례입니다. 새로운 로고를 디자인한 영국의 아트 디렉터 피터 새빌Peter Saville은 손 글씨 느낌이었던 기존 로고를 세리프로 재해석했습니다. 새로운 로고에 대해 페라가모는 르네상스 예술가에게 영향을 주었던 석재 비문 느낌의 고전적인 폰트를 사용하되, 모더니즘을 더했다고 설명했습니다.

"피렌체의 문화는 페라가모의 주요한 자산입니다. 이를 존중하기 위해 고전적인 폰트를 채택했습니다. 페라가모에는 엄격하고 현대적인 비전이 있습니다. 따라서 폰트를 더 간결하고 현대적으로 바꾸었습니다. 또한 철저히 페라가모라는 공예품이 있는데, 그 개념은 석재 비문에 응축되어 있습니다. 이러한 긴장감이 새로운 로고에 녹아 있고, 새로운 로고는 복잡한 균형을 보여줍니다."

즉 로고 변경을 통해 전통을 존중하며 현대성을 쌓아가겠다는 의지를 보여준 것입니다.

로고 변경은 무작정 새로운 사람이 새로운 자리에 앉아 바꾸겠다고 선언하는 과정이 아닙니다. 로고 교체 과정에는 수십 명의 천재적인 디자이너와 감각 있는 크리에이터가 트렌드를 분석한 후 브랜드의 색깔을 잘 버무리는 작업이 포함됩니다. 이러한 과정에서 컬러리스트, 타이포그래퍼, 그래픽 디자이너, 브랜드 디렉터 등 다양한 직종의 전문가들이 투입됩니다. 단순히 폰트를 변경하는 데도 가로형, 세로형의 경우의 수를 만들어야 하고,

자간을 잘 설정하여 로고 비율을 맞춰야 하며, 인쇄 매체에 사용될 때의 위치나 사이즈, 배경 컬러에 따른 대체안으로 alt 1, 2, 3 등도 준비해야 합니다. 수십 개의 샘플로 사전 테스트 및 법리 검토를 마치고 나서야 대중에게 공개됩니다. 하지만 일반 소비자가 접하게 되는 것은 과정이 아닌 결과라서 대부분의 경우 변화를 잘 눈치채지 못합니다.

럭셔리 브랜드인 버버리, 발망, 발렌시아가, 벨루티는 브랜드명이 'B'로 시작한다는 것 외에도 2017~2018년에 로고를 변경했다는 공통점이 있습니다(버버리는 2023년 로고를 다시 변경하였습니다). 이때 공통적으로 사용된 폰트 'B'를 비교하면 분명한 차이를 발견할 수 있습니다.

네 브랜드 모두 로고에서 획의 시작이나 끝부분에 있는 돌출된 부분인 세리프serif가 없는, 산 세리프sans serif 서체를 사용했습니다. 이는 클래식하고 엘레강스한 느낌을 벗어던지고, 모던하고 심플한 콘셉트를 추구한다는 의지를 보여줍니다.

하지만 버버리와 발망을 비교해 보면, 글자 안쪽의 빈 공간을 뜻하는 카운터counter의 크기가 다른 것을 볼 수 있습니다. 발렌시아가는 다른 서체에 비해 윗부분과 아랫부분의 대칭이 가장 두드러집니다. 발렌시아가는 기존에도 산 세리프 서체를 사용했지만, 한결 더 좁아진 서체로 현대적인 느낌을 주었습니다. 벨루티의 가장 독특한 점은 B를 구성하는 왼쪽 아래의 깎인 듯한 모서리 부분입니다.

네 브랜드 모두 모던하고 심플한 콘셉트를 지향하지만, 그것을 이루고자 하는 방향성은 조금씩 다릅니다. 한편 비슷하게 모던해 보이지만, 세리프를 채택한 페라가모에서는 다른 브랜드보다 전통에 대한 존중을 더 강하게 느낄 수 있습니다.

Salvatore Ferragamo

FERRAGAMO

BURBERRY

BALMAIN

PARIS

BERLUTI

BALENCIAGA

작고 섬세한 것을 포착하고,
느끼고, 공유하는 것이
지금 세계적인 브랜드가
선택받기 위해 하는 일이다.

애플의 혁신은 산 세리프에서 시작된다

디자인은 더 이상 전문 분야가 아니라 누구나 어느 정도 알아야 하는 교양의 영역에 가까워졌습니다. 모두가 고유한 감각과 취향을 가지고, 이를 타인과 공유하는 시대에는 기본적인 디자인 언어를 습득할 필요가 있습니다. 그래야 보다 체계적으로 소통할 수 있고, 다양한 디자인 창작물을 깊이 있게 향유할 수 있기 때문입니다.

저 또한 비전공자이지만 꽤 오랜 시간 디자인 언어를 공부하며 새로운 시각을 가지게 되었고, 일터에서도 다양한 브랜드와 더 쉽게 소통할 수 있게 되었습니다. 디자인의 기본 언어에는 크게 세 가지가 있는데, 바로 타이포그래피typography와 컬러color, 그리고 매터리얼material입니다.

타이포그래피는 모든 디자인의 시작입니다. 전 세계인을 디자인과 사랑에 빠지게 만들었던 스티브 잡스는 2005년 스탠퍼드대학교 연설에서 자신의 인생의 전환점이 학창 시절의 타이포그래피 수업이었다며, 매킨토시Macintosh(애플이 1984년 처음 발표한 개인용 컴퓨터로, 맥Mac이라고도 함)의 완성에도 도움을 주었다고 이야기했습니다. 그는 타이포그래피 수업이 준 감동에 대해 다음과 같이 말했습니다.

"저는 세리프와 산 세리프, 제각기 다른 글자의 조합 사이 여백의 다양함, 그리고 무엇이 위대한 활자의 요소인지 등을 배웠습니다. 이것은 과학으로 설명할 수 없는 아름답고, 유서 깊고, 미묘한 것이어서 저를 매료했습니다."

산업디자인의 시작 또한 타이포그래피였습니다. 그 유명한 펭귄북스의 초기 디자인 포맷을 제안하고 스탠퍼드대학교의 로고와 여성지《보그》, 남성지《에스콰이어》의 헤드라인 서체로 유명한 사봉Sabon체를 개발한 당대 최고의 그래픽 디자이너이자 타이포그래퍼 얀 치홀트Jan Tschichold가 신 타이포그래피의 포문을 열었습니다. 그는 1923년 독일 바이마르에서 개최된 바우하우스Bauhaus 전시회의 영향을 받아 최초의 타이포그래피 교과서인《뉴 타이포그래피Die Neue Typographie》를 발간하여 모던 타이포그래피 운동을 이끌었습니다.

이후 1927년 파울 레너Paul Renner가 폭스바겐의 기업 서체이자 가장 많이 사용되는 서체인 푸투라Futura를 개발했고, 같은 해 에릭 길Eric Gill이 BBC를 비롯해 로고에 많이 사용되는 길 산스Gill Sans를, 1950년 아드리안 프루티거 Adrian Frutiger가 알파벳을 대표하는 서체인 유니버스Universe

를, 1957년 막스 미딩거Max Miedinger가 한국 사용자가 가장 선호하는 로마자 서체로 꼽힌 헬베티카Helvetica를 연이어 내놓았습니다.

이들은 모두 산 세리프 폰트로, 산sans은 프랑스어로 '~없이'를 의미합니다. 즉 돌출된 부분인 세리프가 없는 서체라는 것입니다. 산 세리프는 간결하고 실용적인 디자인을 추구하는 모더니즘이라는 시대정신을 뒷받침하는 폰트입니다.

애플은 2002년부터 20년 넘게 산 세리프 서체인 미리아드Myriad를 메인 서체로 공식화하여 미니멀리즘 미학을 효과적으로 알리고 있습니다. 아이팟 및 아이폰에서 버튼을 없앤 것에서 시작해, 불필요한 디자인 요소를 제거한 간결한 디자인으로 변화를 이끌어온 애플의 정체성이 로고에서부터 드러납니다.

타이포그래피를 공부하면 하나의 활자 속 폐곡선이 이루는 조형성과 비례미를 감상할 뿐만 아니라, 디자인의 역사와 브랜드의 가치관을 명쾌하게 파악할 수 있습니다. 지금도 많은 디자인 학과에서 1학년 학부 수업을 비주얼 타이포그래피 과목으로 시작하는 이유입니다. 타이포그래피는 브랜드의 가장 기본적인 구성 단위입니다.

빨주노초파남보 이외의 색깔들

엑셀이나 파워포인트 못지않게 어도비 포토샵이나 프리미어 프로 같은 이미지 및 영상 편집 소프트웨어가 필수적인 도구로 자리 잡았습니다. 이러한 디자인 프로그램을 사용할 때 가장 먼저 맞닥뜨리게 되는 관문이 바로 색 보정입니다.

이미지를 손쉽게 보정할 수 있는 애플리케이션이 많이 출시되었고, 인스타그램에서도 간편하게 색감을 조절할 수 있는 필터를 제공하고 있습니다. 그래서 여느 때보다 색 보정 기술이 많이 사용되지만, 오히려 RGB, CMYK 등과 같은 색 체계는 어색하게 느껴질 수 있습니다. 하지만 비싼 카메라로 촬영한 사진이 가장 기본적인 화이트 밸런스가 맞지 않거나, 스마트폰 액정으로 봤을 때는 크게 눈에 띄지 않았으나 대형 출력물로 봤을 때는 엉성한 색 편집이 거슬리는 불상사를 막기 위해서라도 기본적인 색 개념은 익혀두는 것이 좋습니다.

무엇보다 클라이언트와 업무를 할 때 "이 부분을 노란색으로 고쳐주세요"와 같은 요청을 하는 것은 피하기 위해서라도 색에 대한 공부는 필요합니다. 즉 빨주노초파남보 이외에 미묘한 색의 이름들을 알아야 한다는 것입니다.

노란색, 파란색, 빨간색과 같이 우리가 일상에서 많이 사용하는 색 이름은 실제 크리에이티브 분야에서는 거의 사용하지 않는 용어라고 봐도 무방합니다. '인디고', '네이비', '코발트', '로열블루' 등과 같이 명확한 컬러 팔레트 속 이름을 짚어서 이야기해야 합니다.

왜 좋은 한국어를 두고 영어를 써야 하느냐는 핀잔을 들을 수 있는데, 적어도 색깔에 관해서만큼은 한국어 표현으로만 소통하기는 대단히 어렵습니다. 색깔의 기본 언어는 팬톤 컬러칩입니다. 미국의 세계적인 색체 연구소인 팬톤은 통일되지 않은 수많은 색에 고유한 번호를 붙인 팬톤 컬러 매칭 시스템Pantone Matching System ®, PMS을 최초로 고안했고, 2000년부터 매년 '올해의 색The color of the year'을 발표하고 있습니다. 덕분에 원하는 색을 추상적으로 말하지 않고, 컬러칩에서 번호를 지정하여 소통함으로써 색감을 보다 세부적으로 조정할 수 있게 되었습니다.

원하는 색깔을 적확한 단어로 표현하는 것은 아주 어려운 일입니다. 저도 색에 대하여 문외한이었던 시기(심지어 저는 색각이상 검사에서 색약 판정을 받았습니다), "그냥 파란색으로 해주세요"라고 주문하곤 했습니다. 여러분은 얼핏 엇비슷해 보이는 프라다, 티파니, 미우미우의 색깔을 '파란색'이나 '초록색' 외의 단어로 표현할 수 있나요? 프라다의 색깔은 로럴 그린Laurel Green이라고 하며, 티파니에서 특허를 출원한 색깔은 티파니 블루Tiffany Blue라고 부릅니다. 그리고 미우미우가 사용하는 색깔은 스틸 블루Steel Blue입니다. 초록색이나 파란색 이외의 색깔 이름이 없다면, 보는 순간 바로 가슴이 뛰는 브랜드 컬러는 탄생하지 못했을 것입니다.

　니트를 발주하며 원사의 색을 지정할 때도, 공간 인테리어를 하며 바닥과 벽의 색깔을 지칭할 때도 다양한 색깔 이름을 알아둘 필요가 있습니다. 모두가 컬러칩으로 소통하고 자동차나 스마트폰에서도 다양한 색깔의 선택지가 제공되는 지금, 모든 색의 이름을 외울 필요는 없더라도 색깔의 미묘한 차이를 알아챌 수 있는 예민함이 필요합니다.

파란색, 초록색이 아니라
티파니 블루, 로럴 그린으로
소통할 때 보는 순간 가슴이 뛰는
브랜드 상징색이 탄생한다.

브랜드의 정체성을 알려주는 대리석 마감재

저는 유명한 카페나 편집숍에 가면 마감재를 먼저 살펴봅니다. 한동안은 늘 일정한 유행을 따르는 느낌이었는데, 요즘은 워낙 다양한 레퍼런스에서 영감을 받아서인지 서로 따라 하는 느낌은 많이 줄어든 것 같습니다. 의류의 경우에는 소재의 변화가 크지 않습니다. 섬유를 구성하는 원자재는 천연 섬유를 기준으로 면cotton, 마linen, 모wool, 세 가지뿐이기 때문입니다. 그 이외에 아크릴이나 폴리에스터와 같은 합성섬유를 혼방하거나 짜임을 다르게 하는 방식으로 변화를 줄 따름입니다. 하지만 오프라인 매장에서는 매터리얼material의 차이가 크게 다가옵니다.

과거 인천공항 면세점에서 무척 흥미로운 광경을 본 적이 있습니다. 거의 동일한 폭으로 줄지어 선 매장들이 각기 다른 소재의 대리석으로 마감하여 차별화한 모습이었습니다. 대리석이라는 동일한 소재로 이렇게 다양한 변주가 가능하다는 점에서도 놀랐지만, 브랜드끼리 마치 사전 모의라도 한 듯 하나의 석재를 어깨를 맞대고 배치한 것이 무척 인상적이었습니다.

이탈리아 대리석 산업의 역사 또한 매우 흥미롭습니다. 이탈리아에서는 4~5대째 내려오는 광산도 많을뿐더러, 일부 10대째 석재를 가공하는 업체도 있다고 합니다. 이러한 역사는 중세로 거슬러 올라가는데, 성당이나 귀족의 성과 같은 건축물을 건설하거나, 미켈란젤로나 베르니니로 대표되는 위대한 조각가들이 예술적인 조각상을 만드는 과정에서 정교하게 돌을 채굴하고 세공하는 기술이 발전했습니다.

그 전통과 역사가 전해져 이탈리아는 지금도 전 세계에서 가장 훌륭한 대리석 광산과 기술자를 보유한 나라로 손꼽힙니다. 거대한 돌을 두부처럼 자르는 갱소gang saw 기술이나 폴리싱 시설, 유통이 가능한 인프라, 대형 전시회 등이 유기적으로 맞물려 지금에 이르렀고, 그 결과 오늘날 구찌 등의 매장 바닥이나 파사드에서 마치 그림을 그린 듯 돌로 만들어낸 패턴이나 몰딩을 볼 수 있는 것입니다.

국내에서 가장 유명한 대리석 전문 업체인 토탈석재, 르마블의 민병준 부대표는 대리석을 얻기 위해 출장을 가는 여정과 곳곳에서 본 감각적인 마감재를 개인 인스타그램 계정을 통해 공유하고 있습니다. 그는 네이버 디자인프레스와의 인터뷰에서 다음과 같이 이야기한 바 있습니다.

> "우리는 스스로를 '스톤 코디네이터'라 불러요. 공간에 어울리는 대리석의 컬러나 패턴을 제안하는 범주를 넘어 타 소재 또는 다른 패턴과 대리석과의 콤비네이션, 또 물성까지 코디하고 있기 때문입니다."

해당 인터뷰에서 그는 명품 브랜드 셀린느의 예를 들어 대리석을 다른 방식으로 활용하여 매장 분위기를 환기하는 방식을 설명합니다. 매장 외부는 서정적이고 차분한 패턴으로 장식한다면, 뷰티 공간에서는 강렬한 패턴과 컬러의 대리석을 활용하고, 의상과 신발을 보여주는 공간에서는 라인 패턴을 강조한 대리석을 매치하여 차별화한다고 합니다.

지금은 대리석뿐만 아니라 다양한 마감재가 매장에서 활용되고 있습니다. 특히 이전에는 본 적 없는 희소하고 독특한 소재가 곳곳에 쓰이며 시선을 빼앗습니다. 여의도 더현대 서울의 디스이즈네버댓 매장에는 무척 흥미로운 목재가 사용되었는데, 부빙가Bubinga라는 나무가 그 것입니다. 주로 카메룬이나 가봉에서 나오는 아프리카 특수목으로 가격이 높아 좀처럼 보기 힘든 나무인데, 매 장에 사용된 것은 처음 보았어요.

성수동 LCDC에서는 황동과 스테인리스스틸 등을 활용해 기존의 공간이 갖고 있던 자동차 공업사라는 느 낌을 절묘하게 보여주었습니다. LCDC의 디렉터로서 2년간 준비해 왔다던 김재원 대표의 재능이 십분 발휘된 대목인데, 각 공간에 담긴 섬세한 스토리텔링이 옷과 상 품에도 전해지는 듯합니다. 갤러리아백화점의 남성 편집 숍인 G494와 1층 천장 부위의 마감재 또한 물결무늬의 스테인리스스틸로 이루어져 있습니다. 이 밖에 윤현상재 를 중심으로 유행하는 욕실의 초록색 타일도 여러 곳에 서 볼 수 있습니다. 제각기 달리 사용되는 소재를 꾸준히 관찰하면 브랜드가 보여주려고 하는 감각을 깊이 있게 이해할 수 있을 것입니다.

자신만의 감각을 키우는 효과적인 방법 중 하나는 멋 진 카페나 갤러리, 편집숍에 갈 때 그냥 구경만 하고 오는 것이 아니라 BGM이나 조명, 메뉴판, 집기 레이아웃부터 마감재까지 하나하나 섬세하게 살펴보는 습관을 가지는 것입니다. 점점 더 수준 높은 공간과 상품, 서비스를 경험하는 고객이 많아지기 때문에, 브랜드 관계자라면 사소한 소재 하나에도 관심을 가져야 합니다.

국내 1위 홍보 대행사 프레인글로벌의 대표이사인 여준영 대표의 말을 인용하자면 "단순히 관심을 가지는 것"만으로도 감각을 습득할 수 있습니다. 평소에 음악을 아예 듣지 않는 사람과 음향이 좋은 스피커를 찾아다니는 사람, 주변에 아이가 한 명도 없는 사람과 곧 출산할 예정이라 아기용품을 많이 보는 사람의 차이는 분명합니다. 만약 스스로 자신이 속한 분야에 대한 감각이 부족하다고 느껴진다면, 우선은 충분히 관심을 가졌는지 돌아봐야 합니다.

앞으로 점점 더 다양한 감성과 취향이 존중받을 것입니다. 그만큼 브랜드 및 개인으로서는 훨씬 날카로운 필살기를 갈고닦는 노력을 기울여야 합니다. 과연 어떠한 이야기와 콘텐츠로 나만의 것을 만들어야 하는가, 라는 문제는 이제 실존적인 고민입니다.

BGM, 조명, 메뉴판,
집기 레이아웃, 마감재.

작은 것이 차이를 결정한다.

CLASSIC :

트렌드보다
오래가는 것을 선택한다

#트렌드의 종말

#퍼스트 무버

#사적 취향

패션의 역사는 파격이 보통이 되는 과정

 백화점이나 브랜드에서 일하면 유행의 최첨단을 즐기며 새로운 스타일을 모험하길 좋아할 것이라고 생각합니다. 하지만 다양한 브랜드 관계자와 일해온 결과, 트렌드와 관련된 일에 종사할수록 정작 본인들의 옷차림은 무난하거나 신경을 잘 쓰지 않는 것처럼 보이는 경우가 많습니다. 지금 무엇이 유행하는지 감각적으로 빠르게 포착하는 촉과는 무관하게 말입니다.

 15년 동안 패션 바이어로 일해온 저 또한 유행하는 스타일보다는 클래식한 빈티지를 더 좋아합니다. 제 주변에 있는 패션 분야 종사자들도 오랜 기간 쇼핑에 성공과 실패하기를 반복하며 자신만의 룩을 완성해서, 새로운 것에 도전하기보다는 이미 옷장에 있는 것과 비슷한 옷을 반복해서 구매하는 경우가 많아요.

 여행지에서 저의 쇼핑 루틴 중 하나가 해당 도시를 대표하는 빈티지숍에 가는 것인데, 옷을 구입해 돌아와 옷장을 살펴보면 폴로나 제이프레스, 타미 힐피거 등 비슷한 아이템이 한가득 있는 것을 발견하곤 합니다. 저는 아이비리그 룩이나 프레피 룩과 같은 아메리칸 캐주얼을 대학 시절부터 즐겨 입었는데, 그 스타일이 지금까지 이어져오는 것 같습니다.

한 분야에 정통한 사람일수록 클래식을 좋아하는데, 사실 클래식만큼 많은 오해를 낳는 표현도 없습니다. 특히 패션 분야에서는 더욱 그러합니다. 누군가는 클래식이라는 단어에서 중후한 노신사가 입을 법한 트위드 소재의 재킷과 옥스퍼드 슈즈의 이미지를 연상할 것이고, 또 다른 누군가는 1970년대 큰 라펠의 디스코 패션과 화려한 도트 프린트 원피스로 한껏 멋을 낸 젊은 여성의 이미지를 떠올릴 것입니다. 실제로 패션에서 클래식이란 유행을 타지 않는, 시대를 초월한 보편적인 스타일이라는 의미와 함께 격식을 차려서 포멀하게 입었다는 의미를 지니고 있습니다.

두 가지 의미가 혼용되는 것은 클래식에 대한 정의가 계속 변화해 왔기 때문입니다. 과거에는 남성도 조끼는 물론 모자와 지팡이까지 다양한 액세서리를 반드시 착용해야만 했죠. 이전 시대 서양미술 속 인물들이 착용한 화려한 복식을 클래식이라고 한다면, 클래식이란 격식을 차린 것, 혹은 오래된 것과 동의어로 사용해도 크게 틀리지 않습니다. 귀족 사회에 존재했던 복잡하고 화려한 의복 예절이 점점 편한 일상복으로 변화하는 과정이 패션의 역사입니다. 처음에는 파격적이고 아방가르드하다고 받아들여졌던 디자인이 수십 년이 지난 뒤에는 클래식이 되며 정착되어온 것입니다.

　19세기까지만 해도 서구 사회에서 여성이 바지를 입는 것은 금기시되었습니다. 그래서 20세기 이전 서양 인물화를 보면, 대부분 풍성하게 과장된 드레스를 입었으며 바지나 미니스커트를 입은 여성은 찾아볼 수 없습니다. 미국의 여성해방운동가 아멜리아 블루머Amelia Bloomer가 1851년 빅토리아풍 드레스가 아닌 여성용 바지 블루머를 소개했고, 1909년 폴 푸아레Paul Poiret가 통이 넓고 발목 부분을 묶게 되어 있는 하렘팬츠를 디자인한 후에야 비로소 여성복으로서 바지가 보편화되기 시작했습니다.

　1926년 샤넬이 리틀 블랙 드레스를 발표하자 《보그》는 금기와 편견을 깬 의상이라며 호평했습니다. 남성복에 쓰이던 검은색을 여성복에 사용했다는 점, 코르셋 없이 입을 수 있다는 점, 계층의 구분을 모호하게 했다는 점에서 파격적인 사건이었습니다. 1970년대까지 한국 사회에서 남성의 장발과 여성의 미니스커트는 금기의 대상이었으나, 시간이 지나며 일반화되었습니다. 그 밖에도 당대에 충격과 경악을 선사한 복식과 디자인이 시간이 지나며 보편화되고 유행으로 자리매김한 사례는 수도 없이 많습니다.

　제품의 소재가 클래식으로 받아들여지는 과정 또한 비슷합니다. 과거 프라다는 밀라노 중심가의 아케이드에 매장을 두고 왕가에 품질 좋은 가죽 제품을 납품하던 브랜드였습니다. 하지만 1978년부터 프라다는 포코노 나일론pocono nylon을 소재로 제품을 제작하기 시작합니다. 튼튼하고 방수가 잘된다는 장점이 있어 낙하산이나 텐트 같은 군용 제품에 쓰이던 소재를 브랜드 제품에 사용하면서 가죽이 아닌 나일론을 럭셔리의 반열에 올려놓았습니다.

　최근에는 버버리에서 캔버스 소재의 가방을 럭셔리한 패션으로 포지셔닝하기 위해 고군분투 중이며, 보테가 베네타는 고무를 활용해 럭셔리의 이미지를 보여주는 중입니다. 모두 소재에 대한 통념과 인식을 바꾸는, 패션의 흥미로운 면모를 보여주는 사례입니다.

　오늘의 파격이 내일의 일상복이 된다는 점에서 패션은 무척 흥미로운 분야입니다. 100년 뒤엔 법관이 반바지에 티셔츠 차림으로 판결을 내리고, 정치인이 멜빵바지를 입고 백 분 토론을 할지도 모릅니다.

제임스 티소, 〈루아얄가의 화가 서클〉, 1836년

가장 깊은 클래식은 한때
가장 빠른 컨템퍼러리였다.

트렌드의 맥락을 이해하는 게 중요하다

패션을 좋아하는 남자들 중에는 아메카지ㄱ✕ㄲ를 선호하는 이들이 많습니다. 아메카지는 아메리칸 캐주얼을 일본식으로 줄여 쓴 단어로 워크 웨어work wear라고도 하는데, 미국의 캐주얼을 일본의 빈티지한 감성으로 재해석한 스타일을 지칭합니다.

대표적인 브랜드로는 나이젤카본, 니들스, 리얼맥코이 등이 있으며 국내에는 스펙테이터, 이스트로그, 바스통 같은 브랜드가 있습니다. 모두 한 아이템의 본질, 오리지널, 원형을 탐구하며 만듦새와 완성도를 추구한다는 공통점이 있습니다. 아메카지 스타일은 남성 캐주얼 스타일링에 큰 영향을 미쳤는데, 오늘날 우리가 입는 거의 모든 캐주얼의 원형이라고 보아도 무방합니다.

유난히 하나의 스타일을 마니악하게 좋아하는 사람들이 있습니다. 이들의 공통점은 한 아이템의 끝을 경험했다는 것입니다. 데님이라는 분야를 한번 공부하기 시작하면 데님의 클래식인 리바이스 501로 시작해서 리바이스 초기 모델을 복각하는 LVC 라인을 구매합니다. 여기에서 만족하지 않고 풀카운트, 웨어하우스, 아나토미

카 같은 브랜드의 복각 데님을 해외 사이트에서 직접 구매하고 스티치를 비교하거나 이상적인 세탁 방법(세비지 데님의 경우 수축률을 계산해서 사이즈를 한두 치수 크게 구입하는데 이 과정을 소킹 또는 퍼스트 워시라고 합니다)을 실험하죠. 전문가급 지식과 경험을 공유하면서 관심사를 넓혀나갑니다. 이들은 슈트도 굳이 불편한 고밀도 완단의 셋업을 입는다거나, 티셔츠도 과거에나 사용하던 루프 휠러 봉제 기법으로 만든 것을 찾아 입습니다.

이러한 제품은 클래식인지 빈티지인지 판별하기가 애매합니다. 스니커즈와 데님, 점퍼 등 패션뿐만 아니라 그릇이나 가구, 조명과 가전도 원형과 본질, 시초를 거슬러 올라가면, 클래식은 필연적으로 어느 지점에서 빈티지와 만난다는 것을 알 수 있습니다.

저와 아내는 한때 빈티지 그릇을 수집했습니다. 30~40년 정도 된 그릇과 컵, 컵 받침이 주 대상이었는데, 나중에 이 취미를 청산하며 그동안 모았던 제품을 중고 시장에 판매하여 나름대로 큰돈을 벌었습니다. 그중 가장 큰 수익을 안겨준 것은 북유럽 식기 브랜드 아라비아 핀란드의 빈티지 제품이었습니다. 가장 유명하다는 아네모네 시리즈도 2013년까지는 5~6만 원 정도면 한 조를 구입할 수 있었습니다. 하지만 중고나라에 한창 매물이 올라올 2020년 무렵에는 13만 원까지 가격이 올랐죠. 약 2개월 동안 총 10조 정도를 팔며 투자 금액의 두 배를 회수했습니다.

한국에서 빈티지가 유행하기 시작한 시점은 2018년 전후입니다. 소니 워크맨이나 북유럽 가구, 임스 체어 등의 빈티지 제품이 인스타그램을 타고 빠르게 전파되었습니다. 코로나19가 확산되며 많은 사람이 예약제로 운영하는 큐레이션형 매장을 경험했고, 이에 대한 후기가 입소문을 타고 빠르게 번져나간 것이 빈티지 시장의 확장에 크게 기여했습니다. 저 또한 그때 처음으로 빈티지의 매력에 빠졌던 것 같습니다.

독일 출신의 세계적인 산업 디자이너 디터 람스Deter Rams의 컬렉션을 소개하는 4560디자인하우스는 미니멀리즘 산업디자인에 대한 강연을 열었고, 빈티지 가구로 유명한 쇼룸형 매장인 원오디너리맨션이나 앤더슨씨, 모벨랩에서는 쉽게 보기 힘든 미드 센추리 모던 가구의 실물을 대중에게 선보였습니다.

제가 해외 옥션 사이트를 들락날락하며 20세기 산업 디자이너들의 제품을 찾아보고, 황학동 벼룩시장과 이태원 앤티크 거리, 답십리 고미술 상가를 주말마다 다니게 된 것도 이즈음입니다. 국내 1세대 컬렉터인 권용식 대표는 《마이 디어 빈티지》에서 딜러숍과 페어, 경매 등을 통해 구입한 컬렉션을 한 피스씩 소개하며 디자인의 역사를 흥미롭게 들려줍니다.

1960년대 이전까지의 전자제품 디자인은 가구처럼 고풍스럽고 클래식한 외형이었으나 1961년 수석 디자이너가 된 디터 람스가 동료들과 브라운을 이끌게 되면서 스타일은 완전히 바뀐다. 바우하우스의 영향을 받아 엄격하고 기능적인 디자인 철학을 브라운 제품에 담아낸 것. 특히 그는 심플함으로 돌아가려고 노력했다. 디자인에 있어 심플함이란 불필요한 것을 걷어내는 과정으로 다양한 색을 사용하기보다는 점, 선, 면의 형태를 극대화해 조화를 이루는데 중점을 두고 질서를 창출해 냈다.

빈티지에 관심을 가지면 자연스럽게 미학의 역사를 훑게 되고, 감각을 더 날카롭게 다질 수 있게 됩니다. 당대의 유명한 디자이너가 만든 제품은 시간이 지날수록 가치가 더해지는데 이런 점에서도 빈티지는 분야를 막론

하고 공부해 볼 만합니다. 한 시대에 가장 뛰어난 미감을 지닌 이가 만든 것이며, 해당 시대를 간접경험하는 재미도 있고, 희소성으로 인해 시간이 지날수록 가격이 오른다는 장점도 있으니까요(125년 된 리바이스 데님은 경매에서 1억 원에 낙찰된 적이 있습니다). 해외에서는 빈티지를 구매하는 것이 보편화되어 세계적으로 많은 클라이언트를 확보한 딜러도 있고, 페어의 규모 또한 굉장히 큽니다.

　업종의 특성상 요즘 유행이 무엇인지, 앞으로 어떠한 유행이 올 것인지에 대한 질문을 자주 받습니다. 하지만 남들보다 고작 며칠, 몇 개월 앞서 트렌드를 파악하는 게 그렇게 중요하지 않은 시대라고 생각합니다. 지금은 워낙 시장이 세분화되고, 취향은 다양화되어 사실상 메가 트렌드라는 것이 존재하지 않기 때문입니다. 트렌드를 예상하고 대응하는 것보다 중요한 것은 클래식을 알고 난 뒤에 컨템퍼러리를 이해하는 학습 능력입니다. 클래식과 컨템퍼러리의 관계를 이해해야 비로소 트렌드의 맥락을 이해할 수 있었습니다. 즉 '트렌드의 콘텍스트화'에 능통해야만 상품력과 기획력을 성장시킬 수 있습니다.

　　　　　　　　　　　　　　　　　　　　셀렉트

가장 개인적인 것이 가장 트렌디한 것이다

한동안 MZ 세대에 관련된 책이 쏟아져 나왔고, 많은 기업에서 일제히 이들을 잡아야 한다고 목소리를 높였습니다. MZ 세대로 칭할 수 있는 집단이 어느새 문화의 중심 세대로 자리매김했는데, 실제로 겪어보니 많은 부분이 새롭고 신선합니다. 저 또한 MZ 세대의 끝에 걸쳐있는 1982년생이지만, 1990년대 전후에 태어난 코어 그룹을 경험해 보면 매우 다르다는 것을 실감해요.

무엇보다 이들은 감성을 표현하고 공유하는 데 주저함이 없다는 점에서 이전 세대와 구분됩니다. 기성세대는 정치나 종교 등과 같이 집단화된 영역에서 의견을 표출하는 데는 익숙하지만, 좋아하는 감독과 화가 등 개인적인 경험과 정서를 공유하는 데는 좀처럼 익숙하지 않습니다. 기성세대가 조직을 중시하고 집단을 위한 개인의 희생을 강요받으며 전체주의의 시대에 맞는 뇌 구조를 갖추게 된 반면, MZ 세대는 자아와 주체성이 중요하다고 교육받으며 자라왔기 때문입니다.

주로 사용하는 미디어의 세대 차이 또한 뚜렷합니다. 과거 기성세대가 글로 자신을 표현했다면, MZ 세대는 춤이나 패션으로 표현하는 경향이 있습니다. 기성세대가 종종 '요즘 젊은이들은 맞춤법을 모른다', '긴 글을 독해하는 능력이 부족하다'는 식으로 이야기하는데, 표현의 수단과 사용하는 미디어가 다르다는 사실을 이해하지 못하기 때문입니다. 젊은 세대는 사진이나 음악, 스타일링과 같이 비非언어적 수단으로 자신을 표현하는 데 뛰어난 능력을 보입니다. 이들은 인스타그램이나 틱톡 등의 플랫폼에서 스타일이나 좋아하는 음악과 작가 등 취향과 코드를 빠르게 살펴보고, 자신과 결이 맞는지를 본능적으로 파악합니다.

체제에 속해 협력과 경쟁을 하던 이전 세대와 달리 젊은 세대는 개인화된 환경에서 홀로 일하는 것을 훨씬 편하게 느낍니다. 그래서 불필요한 교류나 감정 소비 없이 독립적으로 일하고 싶어 하죠. 이들은 대학 시절의 팀 프로젝트부터 업무를 분장하여 개인 단위로 일해온 세대입니다.

그래서 재택근무의 효율성에 대한 세대 간 인식 차이가 두드러졌습니다. 기업과 조직에 적응하지 못하는 MZ 세대의 이야기가 뉴스에 자주 오르내리기도 합니다. 무작정 MZ 세대의 문제로 전가하는 것이 아니라, 업무 방식이 변화하는 과도기라는 사실을 인식할 필요가 있습니다.

디자인, 영화, 뮤직비디오와 같은 콘텐츠 제작 업무

의 프로세스는 이미 많이 달라졌습니다. 과거 음악 작업을 할 때 5인조 록 밴드가 함께 녹음을 했다면, 지금은 1인이 집에서 EDM과 힙합을 작업하는 식으로 환경이 바뀌었습니다. 수십 명의 오케스트라가 필요했던 시절도 있었지만, 지금은 맥북의 작곡 프로그램인 시퀀서Sequencer만으로 혼자서도 음악을 제작할 수 있습니다.

음악을 감상하는 방식 또한 과거와 크게 달라졌는데, 이전에 수백 명이 한 공간에 모여서 감상하는 방식에서 집에서 혼자 개인 기기로 감상하는 형태가 보편화되었습니다. 코로나19가 심했을 때 방탄소년단은 집에서 볼 수 있는 비대면 콘서트 '방방콘 THE LIVE'를 진행하기도 했는데, 메타버스의 시대에서는 개인화된 트렌드가 가속화할 것입니다.

일본을 대표하는 편집숍인 유나이티드 애로우즈United Arrows의 창업자 구리노 히로후미栗野宏文는 《트렌드 너머의 세계》에서 '이제 더 이상 트렌드란 존재하지 않는다'고 주장했습니다.

계급도 제일 위쪽에서 발신하는 사람이 있고 그것을 불특정 다수가 받아들이는 피라미드형에서 다수의 발신자와 다수의 수신자가 동시에 존재하는 구조로 변했습니다. 동시에 눈에 띄는지 아닌지, 유명한지 아닌지와 같은 가치관도 무너지면서 유행하는 패션이나 스타일 자체가 희미해져 지금은 모든 것이 평평한 상태가 되었습니다.

이 옷이 나와 잘 어울리는지 친구를 만나 물어보았던 과거와 달리, 지금은 피드에 올려서 좋아요 개수를 확인하는 것으로 충분합니다. 더욱이 알고리즘은 다양하게 분절된 사회에서 비슷한 결을 지닌 감성과 감각을 선별하여 보여줍니다. 결국 우리는 가장 개인화된 콘텐츠를 트렌드로 보게 됩니다.

"가장 개인적인 것이 가장 창의적인 것이다"라던 봉준호 감독의 수상 소감을 재인용해서, 저는 "가장 개인적인 것이 가장 트렌디한 것이다"라고 생각합니다. 온전하게 자신만 알고 있는 추억과 감성이 각자의 트렌드에 관여합니다. 그래서 100명의 개인이 있다면 이제 100가지 유행이 동시에 존재하는 것입니다.

셀렉트

**"가장 개인적인 것이
가장 트렌디한 것이다"**

**100명의 개인이 있다면
100가지 유행이 동시에
존재한다**

트렌드는 싫지만 트렌디하고 싶어

스투시 티셔츠, 프라이탁 가방, 아크네 머플러, 에어 팟 맥스, 나이키 덩크로우 범고래.

여러분은 이 중 몇 개를 가지고 계신가요? 한 개라도 가지고 있다면 스스로 원하든 원하지 않든 '힙스터'일 가능성이 높습니다. 유행의 최첨단에 속하고, 소비 트렌드를 열심히 또 꾸준히 좇은 셈이죠.

트렌드에는 꽤 역설적인 속성이 있습니다. 대부분은 스스로 '트렌드를 싫어한다'고 생각하면서도, 타인에게는 트렌디해 보이고 싶은 욕망을 가지고 있습니다. 남보다 뒤처지고 소외되는 것을 두려워하는 현상을 포모 증후군FOMO Syndrome이라고 하는데, 여기서 포모는 '소외되는 것에 대한 두려움'을 뜻하는 'Fear of Missing Out'의 머리글자를 딴 것입니다.

지금 시대를 살아가는 일반적인 사람이라면 누구나 조금씩 포모 증후군을 가지고 있습니다. "당신은 트렌드를 좋아합니까?"라는 질문에는 90퍼센트 이상이 '아니요'라고 대답하겠지만, "넌 왜 이렇게 유행에 뒤처진 옷을 입냐?"라는 말엔 100퍼센트 기분이 상할 것입니다.

그래서 트렌드는 항상 남과 다르게 보이고 싶은 '고유성의 욕망'과 대세를 따르고 싶은 '추종의 욕망' 사이 어딘가에 있습니다. 그렇기 때문에 더욱 손에 잡힐 듯 잡히지 않는 것일지 모릅니다.

트렌드는 항상 변화하고, 트렌드의 첨단에 서있다고 할지라도 오늘의 베스트가 내일의 워스트가 될 수 있습니다. 트렌드란 정확한 공식처럼 매뉴얼화되지 않아서 배울 수도 없을뿐더러 타인에게 전수하기는 더더욱 어렵고, 심지어 책으로 배운다는 것은 아예 불가능합니다. 김난도 교수의 책을 열심히 읽는다고 해서 모두가 트렌드 세터가 되지는 못하는 것처럼요. 그것은 마치 유머 감각이라곤 전혀 없는 사람이 '유머 백과사전'을 달달 외운다고 해서 갑자기 없던 유머 감각이 생기지 않는 것과 같은 이치입니다. 책으로 패션을 배운 사람은 결코 수십 번의 쇼핑 실패를 통해 원하는 핏의 청바지를 발견한 사람의 감각을 뛰어넘을 수 없습니다. 반대로 패션에 전혀 관심 없는 사람이 앞서 언급한 다섯 개 아이템을 동시에 걸치고 있는 것만큼 촌스러운 게 또 없습니다.

오히려 트렌드한 아이템이 아닐지라도 가장 나다운 것을 보여줄 수 있는 자신감이야말로 멋있고, 아름답게 비쳐지는 겁니다. 그런 점에서 저는 일관된 옷 스타일로 자신의 삶과 철학을 표현한 스티브 잡스가 가장 트렌디한 사람이었다고 생각합니다. 한국 전통 공예 전수자가 입고 있는 개량 한복이나, 의사나 과학자가 입고 있는 하얀색 가운도 같은 맥락으로 볼 수 있습니다.

개인이 축적한 문화적 자산은 결국 트렌드가 됩니다. 지금 가장 주목받는 브랜드인 슈프림과 팔라스Palace가 대표적인 사례입니다. 모두 스케이트보드를 좋아했던 사람들이 만든 브랜드인데, 어느 순간 벽돌을 만들어도 프리미엄이 붙어 거래되고, 어떤 브랜드와 컬래버레이션해도 완판을 기록하고 있습니다.

하지만 누가 똑같이 스케이트보드를 타지도 않으면서 스케이트보더들의 세계를 흉내만 내고 폼 잡으면서 '마, 이게 트렌드다' 하면 그때부터 민망하고 조악해집니다. 어떤 맛집이 유명하고, 어떤 브랜드가 뜨고, 어떤 인테리어 스타일이 대세라는 이유로 그걸 잘하는 곳들을 벤치마킹하면 통상적으로 최악의 결과가 나오기 마련입니다. 트렌드를 저렴하게 만들어주는 업체를 찾아 아무리 재빨리 카피해도 이미 트렌드가 아닌 게 되죠.

돈가스집에서 돈가스를 잘 팔다가 커피가 유행이라

커피를 팔고, 도넛이 유행이라 도넛을 팔면 정작 돈가스 유행이 돌아왔을 때는 고객의 외면을 받게 됩니다. 사람들이 많이 찾는다는 매장에 가보면 이와 비슷한 우려가 듭니다. 가드닝이 유행하니 가드닝 존을 작게 구성하고, 사진을 찍을 수 있게 거울 대용 스테인리스스틸로 마감하고, 비비드한 아크릴로 집기를 만드는 등 카피캣이 너무 많아지고 있습니다. 1980년대에 체리색 몰딩이 그러했고, 1990년대 옥색 페인트 마감이 그랬던 것처럼 이유 없이 번져나가는 유행은 언제나 지속성이 짧고 설득력이 부족한 법입니다.

실제로 트렌디한 것들만 좇는 일에 일종의 염증을 느끼는 반反트렌드주의자들이 늘어나고 있습니다. 인터넷 유머 게시판에 'SNS 갬성 신상 카페 특징'이라는 제목을 단 게시글이 밈meme처럼 퍼지고 있습니다. 낮은 테이블, 공사장 인테리어, 거대한 전신 거울 등 요즘 유행하는 카페의 공통점을 나열하며 희화화하는 게시글에 많은 이들이 공감하는 중입니다. 하나의 유행이 웃음거리가 되며 다수에게 놀림을 받는다면 그것으로 생명력은 끝이죠.

요즘 트렌드가 무엇이냐는 질문을 종종 듣는데, 쉽게 대답하기 힘듭니다. 마치 '선善이란 무엇인가', '정의란 무엇인가' 만큼이나 어렵고 심오한 질문 같습니다. 세련되고 예쁜 무엇인가를 만들기 위해 유행하는 것을 벤치마킹할 심산으로 물어보는 듯한데, 저는 오히려 트렌드한 것만큼 촌스러운 게 없다고 생각합니다. 트렌드를 넘어 아예 색다른 것을 시도하는 게 훨씬 세련되어 보일 때가 많습니다.

그래서 저는 트렌드를 찾기 위해서는 트렌드를 버려야 한다는, 상당히 불교적인 조언을 건네곤 합니다. 트렌드를 싫어하는 마음과 트렌드를 좋아하는 마음 사이 어딘가에 또 다른 트렌드가 존재한다고 생각하기 때문입니다. 그래서 혹시 누군가 "요즘 트렌드가 뭐예요?"라고 물어보거든 자신 있게 이렇게 대답하세요. "트렌드가 없는 것이 트렌드입니다"라고요. 앞서 인용한 구리노 히로후미의 이름은 잊지 마시기 바랍니다.

트렌드란 남과 다르게 보이고 싶은
'고유성의 욕망'과
대세를 따르고 싶은
'추종의 욕망' 사이에 있다.

커피는 언제부터 맛이 되었나

　명품 가방이나 외제 차를 사는 데 큰돈을 쓰기는 어렵지만, 비교적 적은 돈으로 사치를 누릴 수 있는 스몰 럭셔리가 인기를 끌고 있습니다. 스몰 럭셔리 하면 흔히 작은 액세서리나 니치 향수, 명품 브랜드의 뷰티 제품 등을 떠올리지만 저는 밥값보다 비싼 커피와 디저트를 흔쾌히 소비하는 모습이 떠오릅니다.

　언제부터 우리는 이렇게 커피에 대해 높은 지불 의사 수준을 갖게 된 것일까요? 과거에는 다들 휴식 시간에 200원짜리 자판기 커피를 마셨는데 이제는 아무렇지 않게 5,000원짜리 커피를 하루에도 서너 잔씩 마시고 있습니다. 2019년 현대경제연구원 발표에 따르면 2018년 기준 한국인의 1인당 커피 소비량은 연간 353잔으로, 무려 세계 평균(132잔)의 약 세 배에 이른다고 합니다.

　커피의 폭발적인 보급을 이해하기 위해서는, 커피의 맛과 먹는 방식의 세분화가 어떻게 진행되어왔는지 살펴봐야 합니다.

　《고종 스타벅스에 가다》는 커피의 역사를 통시적으로 보여줌으로써 커피가 한국 사회에서 국민 음료로 자리 잡는 과정을 알려줍니다. 이 책은 커피의 보급에 이정표가 되는 사건을 몇 가지 소개합니다.

1890년 전후 한국 사회에 처음으로 커피가 들어왔을 때 대다수의 사람들은 검고 쓴맛이 나는 것이 한약과 같다고 하여 '양탕국洋湯'이라 불렀다고 합니다. 시골에서는 커피가 한약처럼 건강에 효능이 있다는 말도 전해졌다고 해요. 1930년 무렵에는 일부 특권 계층과 유한 계급만 다방을 출입해 커피를 한정적으로 소비하며 널리 전파되지는 못했습니다. 책은 1927년 종로 카카듀라는 국내 1호 다방과 함께 인사동의 비너스 다방이나 제비다방 등을 소개하고 있습니다. 하지만 이곳이 누구나 편하게 즐길 수 있는 공간은 아니었다는 점에서 아직은 커피가 보편화되기 이전이라고 볼 수 있습니다. 1961년 쿠데타 직후에는 커피 수입을 제한하기도 합니다.

1970년대 이후가 되어서야 음악 전문 다방과 DJ가 유행하며 한차례 커피가 확산되는 계기가 마련되었습니다. 1990년대 동서식품과 네슬레에서 인스턴트커피를 출시하며 커피는 본격적으로 일반인들의 생활에 깊숙이 침투합니다. 하지만 이때까지도 커피는 성인들의 문화였습니다. 지금과 같이 모두가 커피를 즐겨 마시게 된 것은 1999년 스타벅스가 국내에 진출하면서 에스프레소 커피의 저변이 확대되며 이디야, 투썸플레이스 같은 커피 프랜차이즈 시장이 마련된 이후의 일입니다.

2010년 이후에는 가로수길, 홍대, 북촌 등이 소위 '핫 플레이스'로 유명세를 타며 블루보틀과 어니언, 카멜커 피와 같은 스페셜티specialty 커피를 취급하는 커피숍이 등 장했습니다. 전문적인 교육을 받은 바리스타들이 핸드 드립과 다양한 품종의 블렌딩 커피를 자신만의 레시피로 소개하며 소비자의 취향을 한층 끌어올렸습니다. 집에서 도 맛있는 커피를 마실 수 있는 홈브루잉 머신과 네스프 레소 같은 캡슐 커피도 보편화되었습니다. 이제 커피는 런던의 홍차나 일본의 다도와 같이 하나의 문화 현상이 되었다고도 볼 수 있습니다.

커피가 모두에게 맛있는 음료로 자리 잡고, 일상의 영역에서 즐기게 되기까지 걸린 시간은 길게는 100년으 로 볼 수 있습니다. 하지만 첫 번째 원두커피 전문점인 자 뎅이 오픈한 것은 1988년이고, 스타벅스가 폭발적으로 성장한 것은 100호점을 오픈한 2005년경이니 대중이 체 감하기로는 20년여 만에 하나의 '보편적 행위'가 된 것입 니다. 경우에 따라 다르기는 하겠지만, 하나의 새로운 맛 이 전파되어 한 사회에 자리 잡는 데는 고작 20년 정도면 충분하다고 생각해도 무방합니다.

흡연은 언제부터 악이 되었나

그렇다면 하나의 기호품이 사회적으로 부정적인 이미지로 굳는 데는 얼마나 걸릴까요? 보급 초기인 1940년대부터 1950년대까지만 해도 흡연이 건강에 좋다며 의사들이 권고했고, 심지어 날씬한 몸매를 위해서 흡연을 해야 한다고 광고하기도 했습니다. 하지만 1965년 담배에 포함된 니코틴 성분이 유해하다는 미국 담배 회사 직원의 폭로 이후 세계적으로 담뱃갑에 경고 문구를 표기하게 되었습니다.

한국은 1976년부터 경고 문구를 삽입하기 시작했지만, 1990년대까지만 해도 대부분의 장소에서 실내 흡연이 가능했습니다. 고속버스에서 사람들이 재떨이에 담뱃재를 떨거나 학교에서 선생님들이 담배를 피우는 것을 쉽게 볼 수 있었습니다. 새마을호에도 객실 내부에 재떨이가 있었다니, 흡연에 대한 사람들의 인식이 지금과 얼마나 달랐는지 여실히 느껴집니다.

1995년 국민건강증진법이 제정되면서 실내 흡연과 미성년자에 대한 담배 판매가 법적으로 금지되었습니다. 이때부터 본격적으로 간접흡연은 몸에 해롭다는 인식이 퍼져나가며, 담배 냄새는 안 좋은 냄새라는 부정적인 기호로 빠르게 자리매김했습니다. 2004년에는 지상 파 방송의 흡연 장면 삭제 조치가 시작되었으며, 2016년 에는 담뱃갑에 흡연 환자들의 이미지를 넣은 경고 삽입 을 의무화하는 법안이 통과됩니다.

지금은 3차 흡연이라는 표현도 등장했는데, 이는 담 배 연기가 사라진 이후에 남은 유해 물질에 노출되는 것 을 말합니다. 실제로 2017년 한국건강증진개발원의 '3차 흡연 노출 인식 및 정책에 관한 연구'에 따르면, 96퍼센 트에 달하는 사람이 '잔여 담배 물질이 건강에 유해하다' 고 생각하는 것으로 드러났습니다.

담배라는 기호품이 사회악이자 혐오 행위로 낙인찍 히는 데에도 약 20년이면 충분하다는 게 제 생각입니다.

하나의 기호품이
문화로 자리 잡거나
사회악으로 낙인찍히는 데는
20년이면 충분하다.

하나의 사회문화가 정착하는 데 걸리는 시간

하나의 기호품이 사회에서 대중적인 취향으로 자리 잡거나 부정적으로 낙인찍히는 데는 20년이면 충분합니다. 그렇다면 아름다움에 대해서는 어떨까요?

저희 부모님 세대는 결혼을 하면 보통 혼례품으로 비싼 자개장을 구입하여 놓았습니다. 사이즈만 해도 9자, 10자, 12자 정도였으니 너비가 무려 3미터나 되는 거대하고 육중한 가구였어요. 자개장이 혼수품으로 유행했던 1980년대에는 장인들이 세심한 손길로 만든 고가의 가구를 보며 아름답다고 생각했을 겁니다. 그래서 가장 비싼 장롱은 공식처럼 안방의 한 면을 차지하고 있었습니다.

한국가구학회지에 수록된 논문에 따르면, 연대별 대표적 혼례 가구 순위에서 1980년대 후반까지 장롱은 93.9퍼센트로 부동의 1위를 차지했으나 1990년대 이후 인기가 식었다고 합니다. 아파트 생활이 보편화되고 이사가 잦아지며 옷가지가 많아짐에 따라 2000년 이후에는 신혼부부가 장롱을 선호하지 않고 붙박이 가구를 쓰거나 드레스 룸을 설치하게 되었기 때문입니다. 애물단지가 된 자개장 장롱은 버려지거나 중고 시장에 헐값으로 거래되었고, 심지어 지금은 수요가 없어 더 이상 생산되지 않아 구할 수조차 없게 되었습니다. 1990년대 옥색 페인트와 2000년대 체리색 몰딩도 비슷한 수순을 거쳐 사라졌습니다.

지금 주류라고 할 수 있는 인테리어 키워드는 바로 미니멀리즘minimalism입니다. 하얀색으로 공간을 구성하고, 심지어는 문선과 몰딩이 아예 없는 히든 도어를 답니다. 삼성전자의 비스포크나 LG전자의 오브제 또한 어떻게 하면 버튼을 없애고 선을 숨길지 고민하며 시작된 라인입니다.

미니멀리즘 인테리어가 유행한 것은 집이 소파나 의자, 스피커와 같은 제품을 더 아름답게 연출하는 공간이 되었기 때문입니다. 이는 미술관이 추구하는 공간과 일맥상통합니다. 미술관은 대체로 예술 작품 하나하나에 집중할 수 있도록 온통 하얗고 각진 공간으로 구성되는데, 이를 화이트 큐브white cube라고 합니다. 화이트 큐브는 1936년 뉴욕 현대미술관The Museum of Modern Art, MoMA이 개최한 《큐비즘과 추상미술Cubism and Abstract Art》 전시를 통해 널리 알려져 지금 일반적인 미술 전시장의 형식으로 자리매김했습니다.

화이트 큐브 형식의 미니멀한 인테리어가 한국 사회

에서 보편화된 것은 1인 가구 및 딩크족의 증가에 힘입은 바가 큽니다. 1인 가구는 2000년대부터 빠른 속도로 늘어났습니다. 통계청에 따르면 2000년 15.5퍼센트였던 1인 가구는 2021년 33.4퍼센트로 두 배 이상의 증가 폭을 보였습니다. 딩크족 또한 급증했습니다. 2000년 1.48이던 합계 출산율은 2010년 1.23명으로 줄고, 2018년부터 1 이하로 줄기 시작해 2022년에는 0.78명까지 감소했습니다.

혼자 또는 둘이 사는 공간에 다양한 가구와 취미 생활을 위한 물건을 많이 들여놓아야 하기 때문에 공간 자체는 최대한 심플해야 했습니다. 집에서 하고 싶은 것도 많고 집을 남들에게 보여주고도 싶은 젊은 세대는 라운지 체어, 와인 셀러, 안마 의자, 스타일러, 로봇 청소기, 반려동물 침대 등 이전에는 필수적이지 않았던 제품을 구매하며 집을 채워나갔습니다. 이렇게 집을 차지하는 것들이 늘어나면서 반대로 집의 구조와 형식은 미니멀해지고 있는 것입니다.

인테리어 경향의 변화 또한 2000년대 초반부터 지금까지, 공교롭게도 20년 정도의 시간을 지나며 안착했습니다.

화이트 큐브는 미술 전시장만의
이야기가 아니다.

지금, 집은 가구라는 예술작품을
전시하는 미술관과도 같다.

마세라티와 마티즈 중 더 아름다운 차

여러분은 마세라티의 스포츠 세단인 기블리와 경차 마티즈 중, 어떤 차가 더 예쁘다고 생각하시나요? 대부분 전자가 미학적으로 더 아름답고 디자인적으로 더 훌륭하다고 대답할 것입니다. 그런데 놀랍게도 두 차량은 같은 사람이 디자인한 것입니다. 그 주인공은 20세기를 대표하는 자동차 디자이너 조르제토 주지아로Giorgetto Giugiaro입니다.

가격대도, 크기도, 느낌도 다른 두 차량이 같은 디자인 철학에서 탄생했다는 사실이 무척 흥미롭습니다. 어쩌면 하나는 수입차, 다른 하나는 국산차라는 프레임으로 바라보았기 때문에 무의식적으로 코리안 디스카운트Korean discount를 적용한 것인지도 모릅니다.

미니멀리즘 인테리어가 체리색 몰딩이나 자개장보다 우월하고 아름다운 것은 결코 아닙니다. 아름다움은 우열이 아닌 취향 또는 다름의 영역입니다. 지금은 애플의 아이폰이 각광받지만, 다시금 주목받는 디터 람스의 가전제품 또한 아름다운 것은 매한가지입니다. 해체주의 건축의 거장 프랭크 게리Frank Gehry의 건축물도 아름답지만, 우리는 모두 한옥의 처마와 문살이 아름답다는 것을 알고 있습니다. 이처럼 문화적인 맥락이나 경험치에 따라 달라질 뿐, 아름다움은 위계가 없고 상대적이기 때문에, 무엇이 무엇보다 낫다고 할 수 있는 성질의 것은 아닙니다.

어느 순간부터 우리는 아름다운 것과 맛있는 것에 큰 관심을 갖기 시작했습니다. 명품을 사기 위해 매장 오픈 런도 불사하고, 새로운 맛집이 생기면 줄을 서서 들어갑니다. 전 국민적인 관심사가 먹고사는 일을 최우선으로 하는 '먹고사니즘'에서 좀 더 새롭고 색다른 경험을 하고자 하는 욕구로 이동했습니다.

왜 사람들은 새로 오픈한 식당에서 음식 사진을 찍어 소셜미디어에 올리고, 멋진 편집숍에서 자신의 모습을 라이브로 방송하는 것일까요? 왜 더 새로운 맛과 아름다움에 열광하고 굳이 구독과 좋아요를 누르는 것일까요? 그게 더 좋고 행복하기 때문입니다.

앞으로 다가올 시대는 경쟁과 우열이 아닌 협력과 다름으로 승부하는 시대입니다. 타인을 압박해서 생산성을 높이거나 빼앗아서 내 것으로 만드는 것이 아닌, 공생하고 공명하는 능력이 가장 기본적인 실력이 되어가고 있습니다. 이러한 흐름 속에서 아름다운 것과 맛있는 것을 즐길 수 있는 능력은 점점 더 중요해질 것입니다.

앞서 어떤 것이 사회적으로 맛있거나 아름답다고 공감을 얻고 동의를 받기까지 걸리는 시간은 20년 정도라고 설명했습니다. 하지만 요즘 뭐가 뜨고, 뭐가 유행한다고 해서 그게 얼마나 오래갈지 예측하는 것은 무의미하다고 생각합니다. 유행을 재빠르게 따르고 예측하기보다는 거대한 흐름을 관조하되, 자신만의 취향을 즐기는 것이 훨씬 현명한 행동입니다.

지금 시대에는 세컨드 무버보다 퍼스트 펭귄이 필요합니다.

크리에이티브는 경쟁과 우열이 아닌
취향과 다름의 영역이다.

유행을 예측하기보다는
취향을 계발하는 것이 현명하다.

LOCAL :

지역과의 케미스트리를
활용한다

#팝업 스토어

#로컬의 현재화

#노포의 마인드

브랜드는 어디에 자리 잡는가

여행을 즐기는 사람이라면 모름지기 여행 루트를 짜는 자신만의 노하우가 있습니다. 예전에 저는 보통 여행을 간다고 하면 평소에 갈무리해 두었던 맛있는 식당이나 텔레비전에 소개된 유명한 관광지 등을 찾아보았습니다. 하지만 늘 이런 방식으로 도시를 둘러보니 크게 성공하지도, 실패하지도 않는 그저 그런 여행이 되기 일쑤였습니다. 유명한 관광지에서 구입한 대량생산된 조악한 기념품은 좋은 추억을 남기지 못했고, 이미 미디어에서 여러 차례 본 거대한 유적지들은 큰 감흥을 주지 못했습니다.

언젠가부터 저는 제 취향에 맞는 브랜드 매장이 위치한 곳을 중심으로 여행지의 동선을 계획하게 되었습니다. 가령 아크네 스튜디오, 마르지엘라, 슈프림, 또는 팔리스가 있는 동네를 선택하면 높은 확률로 주변에서 저의 취향에 잘 맞는 카페와 식당, 편집숍을 발견할 수 있었죠. 그렇게 틈틈이 구글맵에 저만의 북마크를 표시해 놓았더니 어느 순간 저만의 취향을 담은 지도가 완성되었습니다. 그래서 지금도 이 취향의 지형도를 여행 동선을 짤 때 적극 활용하고 있습니다.

이 북마크 덕분에 베를린 여행 중에는 아크네 매장 근처에서 카사 캠퍼Casa Camper와 같은 멋진 호텔을 발견할 수 있었고, 프라이탁 매장은 물론 파타고니아Patagonia도 만날 수 있었어요. 파리에서는 메종 마르지엘라 매장의 위치를 마킹한 덕분에 메종 키츠네Maison Kitsuné 카페에서 휴식을 취하다가 레 퍼퓸 드 로진느Les Parfums de Rosine와 메종 파브르 파리Maison Fabre Paris라는 숨겨진 멋진 매장을 찾을 수 있었습니다.

물론 이 방법은 밀라노, 도쿄, 파리, 뉴욕과 같이 패션으로 유명한 지역에서나 유효합니다. 또 루이 비통이나 샤넬 등 유명한 브랜드의 경우 주로 관광지에 매장이 몰려있기 때문에, 자신의 취향을 감안해서 기준이 되는 브랜드를 잘 선택해야 합니다.

브랜드를 통한 여행이 가능한 것은 브랜드 지역이라는 것이 있기 때문입니다. 각각의 브랜드와 지역에는 궁합이 있습니다. 길을 걷다가 레드페이스라는 브랜드를 보았다면 주변에서 어렵지 않게 올포유, 뱅뱅, 트라이, 파크랜드, 그리고 샤트렌 같은 브랜드를 찾을 수 있을 것입니다. 나이키 매장 근처에 아디다스, 데상트, 룰루레몬이 있는 것과 마찬가지이고, BMW 전시장 주변에 메르세

데스 벤츠, 아우디, 볼보 전시장이 있는 것도 같은 이치입니다. 타깃과 코드가 비슷한 취향의 브랜드는 모름지기 취향이 비슷한 유동 고객이 있는 곳에 둥지를 틀기 마련입니다.

그런 의미에서 고유한 역사와 가치를 지닌, 우리나라의 특색 있는 장소를 소개하려고 합니다. 막연한 느낌만 가지고 있던 지역의 분위기를 제대로 이해하면 나와 잘 어울리는 동네를 찾아 나만의 감각을 더 발전시킬 수 있습니다. 무엇보다 브랜드에서 오프라인 매장이나 팝업 스토어를 열 때도, 지역의 과거와 현재를 이해하면 브랜드의 가치관과 시너지를 일으킬 수 있는 최적의 장소를 고를 수 있습니다.

브랜드와 케미스트리가 잘 맞는
지역을 선택하면
브랜드의 가치를 최대한으로
끌어올릴 수 있다.

북촌과 서촌, 전통으로 엮인 곳

북촌과 서촌이라는 지명은 상대적으로 최근에 와서야 사용되기 시작했지만, 사실 그 기원을 거슬러 올라가면 조선 말의 역사학자 황현의 《매천야록梅泉野錄》에서 '종로의 북쪽'이라는 의미로 처음 언급되었습니다. 이후 한동안 잊힌 지명이 되었다가 1990년대부터 삼청동과 가회동 일대를 북촌이라 통칭하게 되었고, 2000년대 이후 '경복궁의 서쪽'이라는 의미로 서촌이라는 호칭이 사용되었습니다.

불과 100년 전만 해도 북촌은 그저 작은 개천(삼청동천)이 하나 흐르던 작은 동네였습니다. 작은 언덕에 여흥 민씨 일가와 박영효, 김옥균 등 개화파의 대저택이 몇 세대 있는 한적하고 조용한 곳이었습니다. 당시 대저택은 지금의 집과는 비교를 할 수 없을 정도로 거대했습니다.

이후 근대화가 지속되고, 한국 최초의 부동산 개발업자 정세권이 세운 최초의 부동산 개발 회사인 건양사가 도시형 생활 한옥을 보급하며 주거 인구가 늘어났습니다. 동시에 풍문여자고등학교, 휘문고등학교 등 근대 교육기관이 북촌에 자리 잡으며 인구가 빠르게 유입됩니다.

1960년대와 1970년대까지만 해도 군사정권의 통제

아래 삭막했던 북촌은 1980년대가 지나 민주화의 시대가 도래하여 화랑 붐이 일어납니다. 지금 북촌의 이미지를 형성한 첫 번째 단추가 끼워진 것이 바로 이 시점입니다. 1982년 국제갤러리를 시작으로 1985년 가나아트, 1988년 학고재가 연이어 문을 열며 삼청동을 중심으로 다양한 갤러리가 모였습니다. 이후 젊은 감각의 아트선재센터, PKM 갤러리나 아라리오 갤러리가 설립되며 문화를 사랑하는 사람들이 모여들었고, 다양한 프랜차이즈와 편집숍이 하나둘씩 들어섰죠. 2013년 현대카드 디자인 라이브러리와 국립현대미술관 서울관이 개관하며 문화적 인프라가 더해졌습니다. 블루보틀, 논픽션, 런던 베이글 뮤지엄, 다운타우너, 소금집 같은 멋진 브랜드가 자리 잡으며 지금과 같은 분위기가 형성되었습니다.

다른 지역과 구분되는 북촌과 서촌만의 고유의 정서가 있는데, 바로 '전통성'입니다. 이는 오랫동안 지역에 애착을 갖고 살아온 이들이 유대감을 가지고 적극적으로 노력한 결과물입니다.

서촌은 이미 많은 한옥이 빌라로 재개발되었고, 북촌 또한 오래된 노후 주택이 빌라촌으로 변해가는 과정에서 한옥이 멸실될 위험에 처하기도 했습니다. 이에 1996년

화가와 건축학과 교수, 디자인 회사 대표 등 100명이 모여 '종로연대'라는 조직을 창설하고 북촌 살리기 운동을 시작했습니다. 이후 2000년대 김홍남 국립현대미술관 관장을 비롯해 정미숙 한국가구박물관 관장, 까사미아 디자인 연구소장 등 각계각층의 유명 인사가 주축이 되어 '한옥아낌이 모임'을 결성해 한옥 보존에 대해 목소리를 높였습니다. 통의동에 한국 전통문화의 계승을 목표로 재단법인 아름지기가 출범한 것도 이즈음이었어요.

많은 이들의 노력 덕분에 서울시는 2001년부터 한옥 신축에 대해 다양한 금융 지원과 세제 혜택을 제공했고, 시민 주도의 북촌 가꾸기 마을 사업을 진행하며 다양한 목소리를 수렴했습니다. 동시에 공공 한옥을 매입해 전시 장소 또는 공방으로 임대하며 자칫 껍데기만 전통일 수 있는 공간에 콘텐츠를 제공했죠. 지금까지 우리가 북촌에서 한옥을 볼 수 있는 것은 수많은 사람들의 노력과 열정 덕분입니다.

그중에서도 북촌의 콘셉트와 방향성을 제시한 단 한 사람을 꼽자면 저는 디자인하우스의 이영혜 대표라고 생각합니다. 많은 사람이 북촌의 한옥을 매입해서 고쳐 쓰던 초기만 하더라도, 대부분은 그저 담벼락으로 둘러싸인 한옥의 외부만 볼 수 있었을 뿐, 내부의 구조나 디자인에 대해서는 전혀 알지 못했습니다. 이에 그는 대중의 인식을 바꿔보고자 2016년 '행복작당'이라는 사업을 시작하였고, 한옥을 개방해 다양한 브랜드와 협업하여 오픈하우스 형식으로 공개했습니다. 이는 한옥의 내부 구조를 대중에게 알린 중요한 이정표가 되었습니다. 덕분에 많은 사람들이 양태오의 청송재나 마크 테토의 평행재 같은, 문화계 유명 인사들의 멋진 공간을 접할 수 있었습니다.

북촌에서 천연 염색 공방, 발효 공방, 매듭 공방 등을 운영하는 수많은 전통 기능 전수자 또한 전통의 현대화를 위해 노력하는 주인공입니다. 전통 기능의 분야 또한 다양하게 확산되고 있는데, 대표적으로 2020년 개관한 한지문화산업센터는 전국 한지 공방에서 생산하는 다양한 재질과 색감의 한지를 소개하고 있습니다.

북촌과 서촌에서 우리는 권세가들의 집터가 군부의 상징으로 변화하고, 오늘날에 와서는 지역적 인프라를 바탕으로 하는 시민의 공간으로 탈바꿈한 흥미로운 문화적 코드를 읽을 수 있습니다.

갤러리인사1010,《조선 찻사발에 담茶》

북촌과 서촌을 대표하는 문화 코드는
'전통성'이다.

헤리티지를 쌓아가고 싶은
브랜드에 이곳은 최적의 선택지다.

전통과 첨단, 최고가 최고를 만났을 때

　북촌과 서촌 일대에서 활약하는 이들의 공통적인 코드는 바로 '장인 정신'입니다. 이 지역은 조선시대 유물이 나올 수 있기 때문에 신축 공사를 하더라도 문화재 발굴 조사가 필수입니다. 그래서 다른 지역보다 공사가 더 오래 걸릴 수밖에 없습니다.

　공사 기간 자체가 길기 때문에 완성도가 다른 지역보다 훨씬 더 뛰어난 것인지도 모릅니다. 가회동에 위치한 아모레퍼시픽의 북촌 설화수의 집과 오설록 티하우스는 2018년에 공사를 시작했습니다. 당시 아모레퍼시픽은 300억 원 정도의 큰 비용을 들여 한옥 두 채와 양옥 한 채를 구입했는데, 무려 3년에 걸친 공사 끝에 두 개의 매장을 완성했습니다. 그런데 저에게 가장 놀라웠던 것은 해당 부지의 건물을 모두 철거해서 새롭게 높은 건물을 지은 것이 아니라, 기존 건물들을 원형에 가깝게 '복원'했다는 점이었습니다. 2021년 12월 매장을 처음 방문했던 당시 저도 모르게 이런 말을 내뱉은 기억이 있습니다. "이렇게 하려고 3년이나 공사를 했다고?"

　하지만 단 몇 걸음 만에 제 판단이 얼마나 어리석었는지 깨달았습니다. 공간 설계는 재생 건축으로 유명한 원

오원아키텍스의 최욱 소장이 맡았는데, 그는 건축 잡지 월간《공간 SPACE》에서 다음과 같이 이야기했습니다.

> "가회동은 한옥과 양옥이 공존하는 드문 지역이다. 이 두 유형을 함께 보여주는 대표적 사례로 잘 보존해 미래 세대에게 넘겨주고 싶었다. (…) 우리가 잘 보존하여 만들어두면, 미래 세대에게 중요한 자산과 교훈이 되지 않겠나. 이 점을 가장 중요하게 생각했다."

그는 최소한의 변형으로 공간의 오라를 극대화하는 데 성공했습니다. 1930년대에 지은 한옥에서 출발한 1층 동선이 1960년대 지은 양옥의 옥상 테라스에서 끝나는데, 남산이 보이는 놀라운 뷰가 전달하는 공간감은 생소하지만 감동적이었습니다. 단순히 새로운 음료를 파는 것을 넘어 오설록의 브랜드 가치를 담은 메뉴 구성이나 테이블 세팅, 기존 것을 그대로 살린 조명과 자개장 등이 이전에 느껴보지 못한 새로운 감각을 선사했습니다. 이는 국내에서 손꼽히는 브랜딩 전문가 비마이게스트 김아린 대표가 기획한 것인데, 서로 다른 시대가 켜켜이 쌓여 자아내는 독특한 감각이 무척 신선했습니다.

새로운 차 문화를 제안하는 계동의 델픽이나 한국의 1세대 편집숍이라고 할 수 있는 창성동의 므스크샵, 초인종을 누르고 들어가야 하는 시스템부터 시작하여 늘 새로운 스타일을 선보이는 아모멘토 등 젊은 감각과 한국적인 느낌으로 무장한 매장이 꾸준히 생겨나고 있습니다. 앞으로 북촌은 실력 있는 디자인 스튜디오가 모여들며 한국적 아름다움을 표현하는 '코리안 디자인 벨트'로 성장할 것이라 전망합니다.

한국의 색이 담긴 생활용품을 선보이는 호호당, 감각적인 인테리어로 유명한 크리에이티브 스튜디오 언라벨, 순수 미술을 기반으로 디자인 제품을 선보이는 서윤정회사, 실험적인 디자인으로 국내외에서 호평받는 디자인 오피스 SWNA…. 북촌과 서촌에 자리 잡은 특색 있는 브랜드들입니다. 처음에는 교통도 불편하고 주차도 어려운 이곳에 굳이 들어올 이유가 없다고 생각했던 것이 사실입니다. 하지만 강남이나 홍대에 위치한 디자인 스튜디오와 북촌이나 서촌에 위치한 디자인 스튜디오는 느낌부터 다릅니다. 디자인 혹은 패션 회사가 북촌 또는 서촌에 있다고 하면, 단번에 느낌이 옵니다. '아! 이 회사, 장인 정신이 있을 것 같은데?'라고 말입니다.

장인 정신과 전통을 생각하면 가장 먼저 떠오르는 도

시는 일본의 교토京都입니다. 저는 교토를 세 차례나 다녀왔으면서도 그저 전통을 유지하는 고도이자 관광지 정도로만 생각했습니다. 여행을 갈 때마다 오래된 사찰이나 전통 정원 정도만 보았고, 호텔의 다실에서 전통차를 경험했을 뿐, 실제로 교토라는 도시가 지닌 저력을 몰라봤었죠.

일본의 옛 수도이자 다양한 문화유산을 지닌 교토의 경쟁력은 바로 하이테크, 즉 첨단산업입니다. 세계적인 게임 회사 닌텐도의 본사가 있고, 세계에서 가장 유명한 정밀 기기 제조 회사 시마즈 제작소가 있죠. 또한 적층 세라믹 콘덴서 분야에서 세계 1위인 무라타 제작소가 있고, 종합 전자 부품 회사 교세라도 이곳에 위치하고 있습니다. HDD 모터를 생산하는 일본전산이나 반도체 부품을 생산하는 삼코 또한 교토에 본사를 두고 있어요. 이러한 수많은 강소 기업 덕분에 일본은 '잃어버린 10년'을 겪으면서도 경제적 위상을 지켜낼 수 있었다고 《비즈니스 위크》는 분석한 바 있습니다.

전통과 첨단은 양극단의 상반된 것이라고 생각하기 쉽지만, 사실 크게 다르지 않습니다. 문화유산을 기반으로 삼을 때 우리는 비로소 새로운 것을 창조할 수 있습니다. 특히 문화 산업에서는 전통과 첨단을 이종교배하여 완전히 새로운 것을 만드는 움직임이 꾸준히 진행되며 세계시장에서 호응을 이끌어내는 중입니다.

이날치의 〈범 내려온다〉 판소리에 맞추어 앰비규어스댄스컴퍼니가 춤을 추는 한국관광공사 홍보 영상은 조회 수 3억을 돌파했으며, 블랙핑크는 〈How You Like That〉 뮤직비디오에서 단하주단의 한복을 입고 등장하여 한복의 새로운 가능성을 보여주었습니다.

전통은 현대의 기호와 취향 위에서 훨씬 더 많은 다양성을 창조할 수 있는 가능성을 지니고 있습니다. AI와 자율 주행의 시대가 도래하고, 로봇이 사람의 일을 대체하게 된다 할지라도 첨단 기술은 인문학과 전통문화, 사람에게 큰 빚을 질 수밖에 없습니다.

비트코인과 NFT 등 각종 신기술과 하이테크가 범람하는 지금, 우리가 심리적으로 가장 큰 위안을 받으며 쉬어갈 수 있는 곳은 법고창신이 이어지는 이곳일지도 모릅니다.

오설록 티하우스 북촌점 가회다실

오설록 티하우스 북촌점 바 설록

전통은 현대의 기호와 취향 위에서
다양성을 창조할 수 있는 가능성이다.

전통과 첨단은
상반되는 개념이 아니라
함께 가는 것이다.

한남동, 해외 브랜드부터 리움미술관까지

1990년대 우리나라에서 수입 브랜드 옷을 구입할 수 있는 곳은 이태원뿐이었습니다. 당시 NBA 선수들의 저지와 거대한 신발, 옷가지가 주렁주렁 매달려 있는 이태원 매장에는 언제나 사람들이 가득했습니다. 한국에 스투시나 퀵실버, 반스, 컬럼비아 같은 미국 브랜드가 정식 매장을 오픈하기 전에는 이곳에서 핸드 캐리(개인 업자가 소량씩 항공편으로 수입해 오는 것)로 들어온 미국 브랜드의 옷을 구입할 수 있었습니다.

이와 같은 매장에서는 무서워 보이는 직원들이 옷을 강매하다시피 했는데, 위험천만했던 쇼핑 환경에도 이태원에 자주 갈 수밖에 없었던 것은 대한민국에서 그런 상품들을 구할 수 있는 곳은 오직 이태원뿐이었기 때문입니다.

하지만 당시에는 이태원 중심부에만 멀티숍과 구제 매장이 즐비했을 뿐, 한강진역만 넘어가도 큰 식당 몇 개와 회사가 전부인, 상대적으로 한산한 거리가 이어졌습니다. 통행량이 거의 없던 4차선 도로에는 이태원에 여행객들을 내려놓은 관광버스가 줄지어 주차되어 있었습니다.

그랬던 거리가 상전벽해를 이루기 시작한 것은 삼성에서 국내 최대 사립 미술관인 리움미술관을 짓는다는 이야기가 들리던 2000년 무렵이었습니다. 경복궁 인근 송현동에 짓기로 했던 미술관 프로젝트가 좌초되면서 삼성은 한남동에 세계 유수의 건축가를 섭외해 엄청난 규모의 미술관을 건립하기로 결정합니다. 당시 한 사람의 해외 건축가에게 설계를 맡기는 경우도 흔치 않았는데, 삼성은 무려 세 명의 스타급 건축가, 마리오 보타Mario Botta와 장 누벨Jean Nouvel, 렘 콜하스Rem Koolhaas와 함께 프로젝트를 진행한다고 발표했으니 업계가 크게 들썩였습니다. 1982년 호암미술관과 1999년 로댕갤러리를 합친 것보다도 훨씬 큰 면적으로 삼성가의 미공개 컬렉션을 볼 수 있다는 기대감에 저 또한 신났던 기억이 있습니다.

실제로 개관 당시 리움미술관이 공개한 소장품들은 기대 이상으로 훌륭했습니다. 지금의 이건희 컬렉션보다 훨씬 다양하고 넓은 스펙트럼을 자랑하는, 당시로서는 전무했던 대형 기획 전시였죠. 고미술품만 보더라도 선사시대부터 조선시대까지 도자기, 불화, 금속공예, 서예 등 시대별 대표작 120여 점이 전시되었고 청자진사 연화문 표형 주자(국보 제133호), 고려 금동탑(국보 제213호), 고려 불화인 아미타삼존도(국보 제218호) 같은 작품들도 공개되었습니다. 한국 근대미술을 대표하는 이중섭, 박수근, 장욱진, 김환기, 백남준, 이우환은 물론 앤디 워홀, 마크 로스코, 데이미언 허스트 등 세계적인 거장의 작품들 또한 공개되었습니다. 예술가와 컬렉터를 비롯해 문화예술계 종사자에게 리움미술관의 개관은 말 그대로 기적이자 감동적인 순간이었습니다.

2004년 리움미술관이 개관한 후 삼성은 비이커, 구호, 띠어리 같은 다양한 플래그십 매장을 차례로 오픈하며 상권에 활기를 불어넣었습니다. 상권이 개발되며 주유소와 대형 한식당 매장은 하나둘씩 멋진 카페와 수입차 전시장, 그리고 편집숍으로 교체되었습니다.

두 번째 변화의 물결은 상업 갤러리들이 앞다투어 개관한 2020년 이후에 찾아왔습니다. 파운드리 서울과 페이스 갤러리, 타데우스 로팍, 가나아트 나인원 등 현대미술 갤러리가 줄지어 개관했습니다. 이는 저렴한 임대료에 갤러리와 스튜디오가 몰려들었다가, 상권이 발달하며 높아지는 임대료를 감당하지 못해 쫓겨나는 젠트리피케이션gentrification과 반대되는 현상이라는 점에서 매우 흥미롭습니다. 최근 미술 시장이 크게 성장하면서, 비싼 상업지구에 갤러리들이 모여드는 흥미로운 현상이 곳곳에서 나타나고 있습니다.

북촌과 서촌 주변으로는 작고 아기자기한 갤러리가 많다면, 한남동에는 100호 이상의 큰 그림 또는 현대미술 작가의 전시가 많고, 프랜차이즈 갤러리가 많다는 점이 다릅니다.

미래 서울의 중심

누군가는 한남동이 MZ 세대가 성인이 되어 만든 상권이라고 평가하지만, 저는 동의하지 않습니다. 한남동은 교통과 입지, 그리고 문화 콘텐츠가 오랜 시간 공들여 만든 상권입니다. 한남동은 지도상 강남과 강북의 중심이자, 강동과 강서의 중심입니다. 남으로는 한강이 있고 북으로는 남산이 있는 전형적인 배산임수의 조건이죠. 다리를 건너면 신사동이고 터널만 지나면 명동입니다. 한남IC는 강변북로로 연결되고 10여 분 이내에 경부고속도로 진입이 가능합니다.

물리적 이점 이외에 문화적 인프라 또한 훌륭합니다. 블루스퀘어와 현대카드 뮤직라이브러리, 리움뮤지엄이 문화를 사랑하는 사람들을 모여들게 합니다. 프랜차이즈가 아닌 고급스럽고 희소하며 새로운 공간을 즐기고 싶은, 구매력 있는 이들이 취향을 뽐내기 위해 한남동을 찾습니다. 청담동 주변을 벗어난 적이 없는 럭셔리 브랜드 구찌가 이례적으로 한남동에 로드숍을 연 이유이기도 합니다.

한남동에서는 럭셔리와 함께 문화적 여유가 느껴지는데, 이러한 점에서 저는 보보스BOBOS(부르주아의 물질적 풍요와 보헤미안의 정신적 풍요를 갖춘 미국 상류 사회의 사람들)의 분위기를 느낍니다. 한남동 상권을 대표하는 브랜드로 아스티에 드 빌라트, 카시나, 프라이탁, 르라보, 꼼데가르송을 꼽을 수 있습니다. 과거에는 일명 '귀족적인' 포멀 웨어를 장착해서 자신의 취향과 구매력을 자랑했다면, 이제는 디자인은 차별화되면서도 남들이 쉽게 따라 살 수는 없는 높은 가격대로 자신의 아웃핏을 보여줍니다. 꼼데가르송의 전방위적인 스타일은 자신만의 확고한 스타일을 지닌 사람들이 시도할 수 있고, 르라보 또한 향에 대한 조예가 깊은 사람들이 공유하는 고가의 브랜드입니다. 아스티에 드 빌라트 또한 독특한 디자인으로 테이블 세팅이 쉽지 않으며 파손에 각별한 주의가 필요한 상품입니다. 보보스적인 한남동 상권의 특색을 대표하는 브랜드가 보보스적인 라이프스타일을 추구하는 사람들을 끌어모으고 있습니다.

카카오의 공동 대표를 역임했으며 《매거진 B》의 발행인이기도 한 조수용 디렉터는 한남동이야말로 향후 개발 가능성이 무궁무진한 곳이며, 향후 서울의 중심이 될 것이라고 이야기한 바 있습니다. 네이버의 초록창을 만든 주인공이자 이후 자신의 이름을 딴 JOH 디자인 스튜디오를 만든 그는 한남동 상권에서 일호식과 세컨드 키친, 트라이바에서 콰르텟까지 숫자 1부터 4까지를 모티브로 한 식음 브랜드로 큰 호응을 얻었고, 이후 복합 문화 공간인 사운즈 한남을 만들어 한남동이 문화 중심지가 되는 데 기여했습니다.

2002년 지역 경제학자 리처드 플로리다Richard Florida는 《창조적 계급의 부상The Rise of the Creative Class》을 통해 창조적인 계급이 지역 경제를 이끈다고 설명했습니다. 그는 과거 50년 동안 뉴욕이나 샌프란시스코같이 재능 있는 사람들이 많이 모이는 지역의 경제가 빠르게 성장했음을 수치로 증명합니다. 그의 분석은 현대사회의 자산은 금융이나 중화학공업보다 다양성과 관용을 바탕으로 한 문화적 인프라를 통해 축적된다는 사실을 알려줍니다. 그런 점에서, 문화 중심지로서 한남동의 발전 가능성은 무궁무진해 보입니다.

성수동, 도심재생이라는 코드

전 세계의 대도시에는 노후된 구도심이 탈바꿈하면서 변화와 혁신의 상징으로 우뚝 서는 이야기가 공통적으로 전해집니다. 내용도 대개 비슷합니다. 한 도시에 인구가 유입되면서 주거 시설이 부족해지고, 도시의 급격한 팽창에 따라 도시가 무질서하게 확대되는 스프롤sprawl 현상이 일어나면 공장과 창고 부지를 새롭게 활용할 아이디어가 필요해집니다. 이러한 과정에서 기존 건물을 철거한 후 신축 건물을 짓는 것이 아니라, 유산을 보존하고 환경을 보호하는 혁신적인 해결책을 마련하는 것을 바로 도심 재생이라고 합니다.

대표적인 사례로 런던 템스강 남부의 테이트 모던Tate Modern을 꼽을 수 있습니다. 지금은 연평균 방문객이 600만 명이 넘는 테이트 모던은 강 북부 지역에 비해 쇠락해 방치되었던 뱅크사이드 화력발전소를 현대미술관으로 개조한 것입니다. 저는 운 좋게도 영국 여행 중 도시 재생 전문가인 김정후 교수의 설명을 들을 수 있었는데, 미술관 하나로 인근 지역 전체를 새로운 문화의 중심으로 발돋움시킨 테이트 모던의 이야기는 흥미로우면서도 감동적이었습니다. 발전소에서 사용하던 터빈홀을 산업 유산의 흔적으로 남기면서, 천장의 자연 채광만으로 공간감을 연출한 건축적 아이디어 또한 진한 여운을 남겼습니다.

김정후 교수는 저서 《런던에서 만난 도시의 미래》에서 다음과 같이 설명합니다.

> 오늘날 테이트 모던은 미술품을 전시하는 장소로서의 가치를 훌쩍 넘어선다. 문화 예술 공간이 쇠퇴한 장소, 나아가 지역 전체를 활성화시키는 원동력이 될 수 있음을 입증했기 때문이다. 다시 말해, 테이트 모던은 길게는 수백 년, 짧게는 적어도 수십 년 동안 지속되어온 템스강 남북의 경제적, 사회적, 문화적 불균형을 해소하는 획기적인 전환점을 마련했다.

해외에는 대형 건축물이나 집적 단지의 흥미로운 재개발 사례가 많은데, 뉴욕 맨해튼의 하이라인이나 일본 오타루 운하, 중국 베이징의 798 예술구, 토론토의 디스틸러리 디스트릭트는 도심의 기피 시설이 얼마나 멋진 가능성을 만들어낼 수 있는지 보여줍니다.

최근에는 한국에도 이런 사례가 하나둘씩 등장하기

시작했는데, 그 크고 작은 사례들의 집합체가 바로 성수동입니다. 어느 순간부터 많은 패션 회사 및 디자인 스튜디오가 성수동으로 사옥을 이전한 것은 결코 우연이 아닙니다. 이토록 많은 브랜드를 성수동으로 모이게 한, 성수동의 이미지를 혁신적으로 바꾼 사건을 크게 세 가지로 정리할 수 있습니다.

첫 번째는 바로 서울숲의 개장입니다. 2005년에 준공되었지만, 당시에는 완성도가 떨어졌다고 합니다. 하지만 2010년쯤부터 서울숲은 기존에는 볼 수 없었던 멋진 도심 공원으로 거듭납니다. 48만 제곱미터로 네 가지 테마로 구성되어 있고, 다양한 수목이 있는 조경도 훌륭하지만, 무엇보다 돋보이는 것은 체육공원과 경마장 등 기존 시설을 완전 철거하지 않고 골격을 남기면서 주변 경관과 어울리게 한 아이디어입니다. 그동안 한국의 공원이 그저 덩그러니 방치되어 운동기구 몇 개와 화장실이 있는 수준이었다면, 서울숲은 지금껏 경험했던 공원과는 완전히 다른 규모와 분위기를 자랑합니다.

두 번째로는 대림창고 이야기를 빼놓을 수 없습니다. 과거에는 자재를 보관하던 창고를 개조해 2011년 오픈한 대림창고는 브랜드의 패션쇼와 론칭 파티를 위한 장소로 자주 활용되었습니다. 그러다 보니 어느 순간부터

디올 성수

대림창고 좌우로 즐비했던 카센터와 물류 창고가 멋진 매장으로 탈바꿈했습니다. 벽돌로 지은 단층 창고들이 삽시간에 '한국의 브루클린'이라는 수식어로 알려지기 시작했는데, 철망과 적벽돌, 콘크리트로 대표되는 소위 '공사장 콘셉트'의 성수동식 인테리어 스타일은 삽시간에 유행이 되어 전국에 퍼졌습니다. 낡은 공장 같은 느낌을 주는 인더스트리얼 인테리어의 유행은 2019년 블루보틀이 성수동에 1호점을 열면서 정점을 찍었습니다.

마지막은 바로 디뮤지엄의 성수동 이전입니다. 2015년 대림문화재단 설립 20주년을 맞아 개관한 디뮤지엄은 '대중을 위한 미술관'을 표방하며 많은 이들의 발길을 미술관으로 향하게 했습니다. 한정희 부관장은 2021년 미술관을 한남동에서 성수동으로 이관하며, 주요한 이유 중 하나로 대중이 방문하기 편한, 접근성이 좋은 장소였기 때문이라고 언급했습니다. 이는 떠오르는 문화 중심지로서 성수동의 가능성을 보여주는 사례입니다.

카센터 옆의 디올

지금 성수동의 흐름을 이끌고 있는 브랜드는 대기업 패션사가 아닌, 대한민국 패션 시장의 선두에 서서 크고 작은 변화를 이끌고 있는 무신사와 대명화학입니다. 무신사는 스니커즈 커뮤니티로 시작해 기업 가치가 10억 달러(약 1조 3000억 원) 이상인 스타트업을 뜻하는 유니콘으로 빠르게 성장했고, 대명화학은 수많은 계열사를 두고 수십여 개에 달하는 패션 브랜드에 투자하는 일종의 사모펀드입니다. 수많은 성공 사례로 업계에 새로운 바람을 일으키는 브랜드가 성수동에 사옥을 짓고, 자회사들을 불러모으고 있습니다.

예술적 영감을 주는 문구용품을 큐레이션하는 포인트오브뷰, 자동차 라이프스타일 브랜드인 피치스가 오픈한 플래그십 스토어 피치스 도원, 다양한 브랜드가 모인 공간 플랫폼 LCDC, 경계를 허무는 스타일로 마니아층을 보유한 패션 브랜드 아더에러 등 MZ 세대의 지지를 받고 있는 브랜드들은 모두 성수동에 터를 잡아 동서남북으로 점조직처럼 흩뿌려져 상권을 형성하고 있습니다. 성수동에는 원래 공장과 창고로 활용되어 규모가 큰 건물이 많은데, 이들 브랜드는 이러한 장점 또한 십분 활용하여 스케일 큰 쇼룸을 설치하고, 카페와 전시장 등을 겸업하며 브랜드의 정체성을 보여주는 공간으로 활용하고 있습니다.

성수동의 특이한 점은 캐주얼 패션이나 식음 브랜드 뿐만 아니라 럭셔리 브랜드 또한 즐겨 찾는다는 것입니다. 루이 비통이 카페 쎈느를 통임대해서 팝업을 마치기가 무섭게 디올이 가건물을 지어 6개월간 팝업 스토어를 오픈했습니다. 럭셔리 워치 브랜드 예거 르쿨트르 또한 아카이브를 모아 전시회를 진행했고, 보테가 베네타는 대림창고에서 VIP 파티를 열었습니다. 이는 성수동이 캐주얼뿐만 아니라 럭셔리한 브랜드의 고객층을 두루 포괄하는 매력적인 상권이라는 방증일 것입니다. 과거 청담동과 도산공원 인근에서만 제한적으로 매장을 운영했던 럭셔리 브랜드들도 성수동이 지닌 매력과 집객력에 눈을 뜬 것입니다.

간혹 지인이 시장조사를 위해서 성수동의 느낌을 가장 잘 알 수 있는 곳을 추천해 달라고 하지만, 저는 특별히 지역을 짚어주지 않습니다. 성수동은 항상 팝업이 많이 열리고, 계속 변화하는 공간이라 그냥 가서 걷다 보면 놀라고 영감을 얻게 됩니다. 그러다가 문득 오랜만에 다시 가보면 또 그 매장이 거짓말처럼 다른 곳으로 바뀌어 있죠.

하루가 다르게 변화하며, 단기적 퍼포먼스를 위한 매

장이 많다는 점이 다른 상권과 구별되는 성수동의 가장 큰 특이점입니다. 그렇기에 자주 가서 직접 현장의 생생함을 경험해 보아야 하고, 진짜와 가짜가 뒤섞여 있으니 거르고 걸러서 보아야 보석 같은 것들을 찾을 수 있는 장소이기도 합니다.

카센터 옆에 미국식 도넛 가게, 그 옆 철물점과 바로 맞은편의 럭셔리 브랜드 팝업이 전혀 어색하지 않은 곳. 이국적이면서도 가장 한국적인 미적 취향과 크리에이터들의 상상력이 하루가 다르게 변주하는 멜팅 팟melting pot이 바로 성수동의 매력이라고 생각합니다.

LCDC SEOUL

높은 접근성과 다양한 콘텐츠,
캐주얼 브랜드뿐만 아니라
럭셔리 브랜드의 고객층을
두루 포괄하는 상권을 찾는다면,
성수동이 정답이다.

압구정, 콘텐츠로 상권을 만들다

갓 회사에 들어온 후배들에게 프라다, 샤넬과 같은 럭셔리 브랜드가 언제 처음 국내에 매장을 오픈했는지 맞혀보라고 하면 대체로 1980년대 언저리를 이야기합니다. 그들에게 한국 사회가 근대화를 마치고 지금의 현대적인 모습을 갖춘 것이 그 즈음이라고 인식되기 때문일 텐데, 실제와는 약간의 차이가 있습니다.

명품 백화점으로 가장 널리 알려진 갤러리아백화점은 1990년에 압구정동에 문을 열었습니다. 하지만 이제 막 오픈한 갤러리아백화점에는 샤넬은 물론 루이 비통, 에르메스와 같은 럭셔리 브랜드는 단 하나도 없었어요. 이들 브랜드는 아직 한국 시장에 진출조차 하지 않았던 시기입니다. 그러면 1990년대 당시 압구정동의 패션 시장을 선도한 이들은 누구일까요?

당시의 하이엔드 시장은 손정완, 이동수, 김창숙, 랑유 김정아, 김동순(울티모), 한혜자(이따리아나) 선생님이 독차지했습니다. 이들은 SFAA(서울패션아티스트협의회)라는 조직을 결성해 매년 패션쇼를 열었고, 신문과 텔레비전 방송 등 각종 미디어에도 이름을 올렸습니다. 다큐멘터리 필름이나 옛날 신문을 보면 한국 1세대 디자이너의 위상과 권위가 얼마나 대단했는지 간접적으로나마 알 수 있습니다. 당시 디자이너는 아티스트에 가까웠습니다. 도제식으로 운영되는 스튜디오에서 오랜 시간 후배들을 양성했고, 컬렉션도 또한 자주 진행했죠. 이들 1세대 디자이너야말로 자신만의 콘텐츠로 상권을 만든 최초의 로컬 크리에이터인 셈입니다.

해외 대형 럭셔리 브랜드가 압구정동과 청담동에 진출해 고객들을 흡수하기 시작한 것은 1997년부터의 일입니다. 1997년 프라다가 처음으로 문을 열었고 샤넬과 에르메스, 구찌와 루이 비통이 차례대로 1호점을 열었습니다. 다음 해인 1998년에는 디올이 들어오며 본격적으로 강남권에 럭셔리 브랜드들의 매장이 연이어 들어섰는데, 훗날 패션 역사가들은 1997~1998년을 해외 럭셔리 브랜드가 한국 시장에 진출한 시발점으로 기록할 것입니다.

지금도 명품 거리로 알려진 청담동의 1킬로미터 남짓한 상권은 이때부터 제대로 된 모양새를 갖추기 시작합니다. 물론 처음부터 '럭셔리'나 '하이엔드' 같은 단어로 표현한 것은 아닙니다. 오히려 신문 기사를 찾아보면 '사치품'이라는 표현이 자주 등장하는데, 당대 수입 브랜드를 대하는 사회적 분위기가 어땠는지를 보여줍니다.

문화를 선도하는 인프라와 구매력

　종로와 신촌, 대학로의 상권이 모두 보행자 중심이었다면, 강남 지역의 상권은 수많은 오피스용 빌딩과 아파트 사이를 지나는 차량 동선을 따라 형성되었습니다. 이는 결과적으로 해외의 발레파킹 문화가 국내에 정착하는데 큰 역할을 했습니다. 발레파킹뿐만 아니라 강남권에는 언제나 해외 문화가 가장 앞서서 소개되었습니다. 제가 와인 콜키지를 가장 먼저 경험한 곳도 강남역 레스토랑이었고, 오마카세를 가장 먼저 먹은 곳도 청담동이었으며, 한때 유행하던 스피크이지바Speakeasy bar 또한 신사동에서 처음 만났습니다. 노티드, 다운타우너, 호족반 등을 소개하는 크리에이티브 외식 기업인 GFFG의 본사도 도산대로에 있고, 나이스웨더, 아우어베이커리, 올드페리도넛을 론칭했던 스타트업 CNP 컴퍼니의 본사도 가로수길에 있습니다.

　물론 본사는 강남에 두어야 한다는 개념도 많이 무색해졌고, 안테나숍이나 팝업 매장 등을 강남이 아닌 곳에도 많이 내지만 2020년까지 국내 '1호점은 강남'이라는 게 공식처럼 통용되었습니다. 애플스토어와 케이스티파이 1호점도 가로수길에 있었고, 쉑쉑버거, 시코르, 위워크 모두 강남역에 첫 번째 매장을 오픈한 데는 분명한 이유가 있습니다.

특정 지역에 살지 않아도 그 지역을 충분히 활용할 수는 있습니다. 청담동의 명품 거리는 수많은 럭셔리 브랜드의 플래그십 스토어를 한 번에 만날 수 있다는 점에서 트렌드를 파악하기에 매우 좋은 장소입니다. 아르마니, 에르노, 셀린느, 루이 비통, 디올, 샤넬과 같은 브랜드가 좌우로 사이좋게 마주 보고 있어, 저는 적어도 봄과 여름, 가을과 겨울 시즌에 반드시 이 일대를 걸으며 매장 하나하나를 꼼꼼히 살펴봅니다. 매장에 걸려있는 옷이나 쇼윈도 디스플레이를 보면 감각을 익히는 데 도움이 됩니다.

전 세계에서 가장 앞서 가는 패션 디자이너들이 올해는 어떤 소재와 색깔을 쓰는지 살펴보고, 어떤 고객이 어떻게 차려입고 누구와 쇼핑을 왔는지를 구경하면 정말 재미있어요. 사람 구경이 가장 재미있다고 하는데, 저 또한 거리에서 지나가는 사람들을 살펴보면서 최근의 트렌드를 피부로 체감합니다.

제가 트렌드를 따라가기 위해 즐겨 찾는 다른 곳은 도산공원입니다. 독립운동가 도산 안창호의 삶의 궤적과는 다소 동떨어진 느낌이지만, 이곳 일대는 남성복을 좋아하는 사람이라면 빼놓을 수 없는 매장이 많습니다. 저의 동선은 호림아트센터에 차를 주차해 두고 시작하는데 일반적으로 도산공원 담벼락을 따라 젠틀몬스터 하우스 오브도산으로 이어져 압구정로데오로 마무리합니다.

이 거리에는 1세대 편집숍 중 하나인 샌프란시스코 마켓과 한국을 대표하는 세계적인 남성복 디자이너 우영미의 맨메이드, 그리고 테일러링 하나로 파리를 사로잡은 준지의 매장이 있습니다. 이 세 개의 매장만 보아도 한국 남성복의 트렌드를 절반 이상 확인할 수 있다고 해도 과언이 아닙니다. 빈티지 컬렉션 하나로 일종의 뮤지엄을 만들어놓은 조스 개러지는 빈티지 캐주얼을 좋아하는 이들에게는 성지가 되었습니다.

강남을 중심으로 설명했지만 결론적으로는 압구정 이야기가 되고 말았습니다. 그만큼 압구정은 강남 지역의 다양한 속성을 압축적으로 보여줍니다. 과감한 노출과 최첨단 유행이 도처에 널려있습니다. 압구정에는 모두의 욕망과 허세, 과시가 공존합니다. 부정적으로 활용되는 단어일지언정 저는 이게 절대로 나쁘다고 생각하지 않습니다. 원래 패션은 나 혼자 즐기기보다는 남에게 보여주기 위한 것이기 때문입니다.

　압구정에는 다른 지역에서 경험할 수 없는 흥미로운 지점들이 많습니다. 모두가 괜찮아 보이고 싶고, 잘 나 보이고 싶은 욕망을 굳이 숨기지 않는 곳. 그래서 유명한 피부과와 성형외과가 모두 모여있는 곳. 독특한 크리에이터들이 가감 없이 자신의 색깔과 취향을 드러내고 과시하는 곳. 드레스숍과 웨딩 스튜디오가 모여 행복을 꿈꾸게 하는 곳. 모두 제가 압구정을 즐겨찾는 이유입니다.

당신의 브랜드는
누구를 타깃으로 하는가?

타깃의 니즈가 궁금하다면, 그들이
가장 많이 찾는 지역으로 가라.
타깃이 있는 거리를 거닐다 보면
필요한 인사이트를 얻을 수 있다.

그동안 한국엔 왜 로컬이 없었을까?

　최근에는 '로컬 크리에이터'라는 말을 심심치 않게 들을 수 있습니다. 하지만 로컬은 그동안 우리나라에선 그리 익숙하지 않은 단어였습니다. 브랜드 또한 서울을 중심으로 들어왔던 것이 사실입니다.

　'로컬'이라는 단어를 들으면 저는 프랑스와 독일, 이탈리아가 생각납니다. 몇 번 다녀오지 않았는데도 무척 많은 도시와 그에 얽힌 역사를 알고 있고, 그래서인지 친숙하게 느껴집니다. 가령 프랑스 하면 파리뿐만 아니라 리옹, 마르세유, 보르도, 칸 등 수많은 도시명이 떠오릅니다. 그런데 사실 이들 도시가 인구가 많거나 면적이 큰 것은 아닙니다. 보르도 인구가 100만 명쯤 되고, 마르세유는 85만 명, 리옹도 49만 명 정도입니다. 광고제와 영화제로 유명한 칸은 7만 명밖에 되지 않습니다. 울산시 인구가 140만 명이고 강서구 인구가 60만 명인 것에 비하면 규모가 크지 않은데도 이들 도시는 매년 세계적인 축제나 문화 상품으로 지역 경제에 이바지하고 있습니다.

　유럽은 중세부터 봉건영주제로 운영되며 지역의 다양한 건축물과 문화적 특색이 뚜렷하게 존재했고, 관련 자료도 많이 전해져 옵니다. 근대 이후에도 그랜드 투어

Grand Tour와 같은 엘리트 교육 덕분에 고전에 대한 낭만과 숭고함이 남아 있었고, 보존에 대한 사회적 합의도 존재했습니다. 현대에 와서는 지역 문화를 육성하기 위한 다양한 인센티브를 제공하며, 관광을 주요 산업으로 삼아 경쟁력을 키운 것이 오늘날 유럽 지역에 문화가 보존될 수 있었던 중요한 배경입니다.

이에 반해 한국은 압축 성장을 거치며 사실상 문화적 다양성과 전통의 전승에 소홀했던 것이 사실입니다. 정치, 경제, 사회, 문화 등 다양한 요소가 모두 서울을 중심으로 개발되었기 때문에 서울 이외의 지역에 대해서는 정보가 그다지 많지 않습니다. 스페인의 소도시 빌바오의 구겐하임미술관을 프랭크 게리가 설계했다는 사실은 알지만, 경상북도 김천시에는 무엇이 유명하고, 전라남도 구례군을 여행할 때는 어디에 가야 할지 잘 모르죠.

반길 만한 사실은 최근 젊은 세대를 중심으로 로컬이 보다 친숙하게 일상으로 다가오고 있다는 것입니다. 늦은 감은 있지만, 이제 한국에서도 서울 이외의 지역색을 갖춘 콘텐츠가 팬덤을 생성하며 자생하고 있다는 신호가 다양하게 감지되고 있습니다. 초기 로컬 브랜드의 품목은 커피와 빵, 맥주 등의 식음료로 한정되었으나 분야가 점점 더 다양해지고, 포맷 또한 훨씬 세련되어 가고 있습니다.

젊은 세대의 국내 여행이 보편화되고, 지방의 오래된 구옥을 개조해 만든 레스토랑이 인기를 끌고, 지역 독립 서점이 행사를 기획한다는 소식을 들을 때마다 로컬의 아카이브가 전국적으로 쌓이고 있다는 고무적인 느낌을 받습니다. 로컬 문화가 육성되고 경쟁력을 갖추기 위한 선결 조건은 지역 인프라의 보완인데, 지금은 KTX나 SRT 같은 고속 열차뿐만 아니라 차량 공유 플랫폼이 발전하여 접근성이 과거보다 비약적으로 좋아졌습니다. 무엇보다 유튜브나 인스타그램과 같은 소셜미디어를 통해 지역적 한계를 넘어 독창적인 콘텐츠로 얼마든지 사람을 끌어모을 수 있습니다. 조금 더 시간이 흘러 다양한 스토리와 아카이브가 쌓이면 분명히 각 지역의 다양한 콘텐츠가 폭발적으로 성장할 것입니다.

잡지를 즐겨 보는 편이라 매달 서너 권의 잡지를 구입하고 있습니다. 특히 제가 관심 있는 디자인, 미술, 여행, 미식, 패션 분야의 대표적인 잡지는 꾸준히 정독하는 중입니다. 그중에서도 오늘날 한국의 로컬 문화를 양질의 콘텐츠로 담아내는 《보보담》과 《시리즈Series》는 주목할 만합니다.

《보보담》은 아웃도어 브랜드 프로스펙스와 몽벨을 운영하는 LS네트웍스에서 발행하는 로컬 매거진입니다. 학창 시절 한창기 선생이 발행한《뿌리깊은나무》와《샘이깊은물》을 감명 깊게 읽은 LS네트웍스의 구자열 회장이 그 정통성을 이어받아 2011년부터 직접 편집 주간으로 참여하여 만들기 시작했습니다.

잡지는 각 분야 전문가들의 인문학적 소양과 경험을 토대로 한국의 로컬을 전하는 데 집중합니다. 가령 32호는 경주를, 37호는 완도를, 39호는 부산의 시장을 다루고 있습니다. 도대체 어떤 주제로 내용을 구성하길래 한 권에 한 지역을 다루는지 의문이 들 텐데, 조선시대 사료부터 골목길의 가판대까지 지역의 다양한 모습을 소개하는 편집의 기술이 예술에 가깝습니다.

또 하나는 코오롱FnC에서 브랜드 매거진으로 만드는《시리즈》입니다. 18호에서는 '이방인'이라는 주제로 용인에서 텃밭을 가꾸는 농부 그레그와 나눈 인터뷰를 소개했으며, 25호에서는 'made in Korea'라는 주제로 영천 은해사의 템플스테이를 보여주었습니다. 이 매거진은 그들의 산하 브랜드인 에피그램과 떼어서 생각할 수 없는데, 에피그램은 베이식한 의류와 함께 각 지역의 로컬 굿즈를 소개합니다. 하동에서 올모스트홈 스테이라는 멋진 한옥 호텔을 운영하고 있기도 합니다. 각 지역의 콘텐츠를 매장으로, 호텔로, 패션으로, 그리고 인쇄 매체로 전달한다는 점에서 로컬 콘텐츠가 지향해야 할 방향을 잘 보여주는 사례입니다.

로컬 현재화의 핵심은 노포의 마인드

일찍이 로컬의 가능성을 이야기했던 모종린 교수는 《골목길 자본론》에서 C-READI라는 흥미로운 모델을 제시했습니다. 골목 상권의 경쟁력을 평가하는 모델로, 성공한 골목 상권의 공통적인 여섯 가지 특징을 문화 인프라Culture, 임대료Rent, 기업가 정신Entrepreneurship, 접근성Access, 도시 디자인Design, 정체성Identity으로 날카롭고 명료하게 설명합니다. 모종린 교수는 다양한 예를 들며 향후 도시 개발의 방향은 골목이며, 골목의 활성화가 지역 경제를 살리는 방법이라고 이야기합니다.

덧붙여 그는 지역 경제 활성화를 위한 로컬 크리에이터의 중요성을 강조합니다. 로컬 크리에이터란 '지역 자원, 문화, 커뮤니티를 연결해 새로운 가치를 창출하는 창의적 소상공인'을 뜻하는데, 학문적 정의라서 어렵게 느껴질 뿐이지 사실 우리 모두 오래전부터 로컬 크리에이터를 많이 알고 있습니다. 1993년 《나의 문화유산답사기》를 발간해 새로운 방식의 국내 여행 열풍을 이끌었던 유홍준 전 장관도 로컬 크리에이터라 할 수 있고, 오늘날 수많은 지역 맛집을 발굴해 소개하는 백종원도 로컬 크리에이터로 정의할 수 있습니다.

로컬 크리에이터라고 해서 거창할 필요는 없습니다. 지역에서 가죽 공방을 하는 이도, 3대째 음식을 전승하는 이도, 농촌에서 농사를 짓고, 농사를 짓다가 구전민요를 부르는 이도, 그들에게 새참 음식을 갖다주는 이들도 모두 로컬 크리에이터이고, 각각의 요소가 로컬 콘텐츠입니다. 핵심은 다양하게 퍼져있는 콘텐츠를 전승하고 알리는 작업인데, 이를 조금 단순하게 '로컬의 현재화'라고 명명하겠습니다.

흩어지고, 잊히고, 사라져가는 로컬을 현재화하는 작업은 새로운 제품이나 서비스를 발명하는 것 이상으로 중요합니다. 2016년 현대카드의 1913 송정역시장 프로젝트는 여러 의미에서 주목할 만합니다. 그들의 주특기인 마케팅과 디자인, 그리고 자본력을 로컬의 현재화를 위해 극적으로 활용한 사례이기 때문입니다. 시장 이름

앞에 붙인 숫자는 호남선 열차가 개통한 해인 1913년을 의미합니다. 그만큼 오래전 송정리에 역이 생겼는데, 바로 앞에 장이 섰고 한참 동안 '송정역전 매일시장'이라는 이름으로 운영되었습니다. 그러나 시간이 지나면서 낡은 가게와 노후된 설비로 시장에는 발길이 끊어졌습니다.

이에 현대카드가 전통시장 현대화 사업의 일환으로 지원에 나섰습니다. 현대카드와 광주창조경제혁신센터가 협업하여 추진한 프로젝트는 청년 상인 17개 팀을 모집하여 시장 리뉴얼 작업을 진행했습니다. 그 결과 많은 상점들이 활기를 되찾았고, 시장의 평균연령은 63세에서 47세로 젊어졌다고 합니다. 프로젝트를 진행하고 1년이 지난 2017년, 상인회장은 인터뷰에서 매출이 세 배 이상 늘었다고 응답했습니다.

물론 로컬의 현재화는 결코 쉬운 과제가 아닙니다. 대표적으로 500억 원 규모의 예산을 투입한 전통시장 청년몰 조성 사업의 성과는 저조한 것으로 밝혀졌습니다. 중소벤처기업부의 자료에 따르면 부산 중구 국제시장 청년몰은 입점 점포 14곳이 모두 폐업했다고 합니다. 인천 강화군 강화중앙시장 청년몰과 충청북도 제천중앙시장 청년몰은 각각 점포 20곳과 19곳으로 출발했지만 현재는 1곳씩만 남았다니, 지역 전통시장이 단기간의 지원책으로 자립하고 큰 성과를 거두는 것이 얼마나 어려운 일인지 느껴집니다.

하지만 이러한 문화적 콘텐츠는 일정 시간 누적되어야만 진가가 발휘되는 법입니다. 첫술에 배부르기란 쉽지 않기에, 비슷한 시도가 앞으로도 계속 이어져야 한다고 생각합니다.

《아는동네 매거진》과 같은 다양한 로컬 매체도 등장하기 시작했고, 지역 맥주도 다양하게 성장하고 있습니다. 광주 무등산 브루어리, 제주 위트에일, 강릉 버드나무 브루어리와 같은 지역 양조장의 로컬 맥주가 연달아 유행했습니다.

코로나19로 해외여행길이 막히고 국내 여행이 유행한 시점에 일부는 로컬 콘텐츠를 기반으로 투자를 받는 등 다양한 성공 사례를 이끌어냈습니다. 하지만 로컬 맥주가 유행한다고 이를 펀딩하고, 로컬 숙박업소로 투자상품을 만들면 로컬에서 발생하는 수익이 로컬에 재투자될 수 없기 때문에 한계가 있으리라고 생각합니다. 각 지역의 역사성과 인문학적 깊이가 없는 로컬 콘텐츠에 지속성을 기대하기는 힘듭니다.

지역성과 전통성을 기반으로 지금까지 내려오는 브

랜드와 상품은 최소 반세기 이상의 노하우와 역사를 지닌 경우가 많습니다. 광주요는 1963년 조선 왕실에 도자기를 진상하던 광주관요의 전통을 이어받아 창립된 도자기 브랜드이고, 이천의 금정산성누룩막걸리는 대한민국 민속주 제1호로 등록된, 일본 방식이 아닌 500년 전통의 유가네 국산 수제 누룩으로 빚는 술입니다. 반도체나 인공위성보다는 쉬워 보일지 모르나, 이 또한 오랜 투자와 시간이 필요한 콘텐츠입니다.

로컬의 현재화에 필요한 것은 스타트업이 아닌 노포의 마인드입니다. 특정 지역에서 시작했다는 것만으로 로컬 크리에이터의 정체성을 내세울 수는 없습니다. 중요한 것은 지역의 역사성을 이어나가겠다는 정신과 사회적으로는 오래도록 이어갈 수 있는 환경을 마련해 주는 일입니다.

도자기와 전통주 산업은 결코
반도체와 인공위성보다 쉽지 않다.

역사성과 인문학적 깊이가
지속 가능성을 만든다.

ATTITUDE :

안목과 취향을
훈련한다

#폴리매스

#미적 언어

#감각의 라이선스

더 이상 전문가는 없다

저는 다양한 브랜드를 알아보고 싶어 백화점에 입사했습니다. 브랜드를 론칭하고 싶다는 원대한 포부를 갖고 있었기 때문일까요? 다양한 브랜드의 생로병사를 경험하면서 저만의 통찰력과 경험을 키워나가고 싶었습니다. 이를 위해 꽤 오랜 시간 다양한 분야의 전문가를 찾아나섰습니다. 마치 도장 깨기를 하듯 한 분 한 분 어렵게 수소문해 약속을 잡고 녹음기를 들고 가 인터뷰를 했는데, 슈트를 만드는 테일러와 프로모션 업체 실장님, 1세대 디자이너 선생님, 럭셔리 브랜드 바이어와 성수동 신발 공장 사장님 등을 주말마다 찾아다니며 다양한 분야의 이야기를 귀 기울여 들었습니다.

당시 여러 분야의 사람들을 만나며 느낀 점 중 하나가 패션에는 전문가란 존재하지 않는다는 사실이었습니다. 제아무리 FIT(뉴욕 패션기술대학교)와 앤트워프 왕립예술학교 출신이더라도 브랜드를 론칭하는 족족 망하는 경우가 있는가 하면, 반대로 동대문에서 수십 년째 도매만 하는 이가 연 매출 수백억 수준의 브랜드와 공장을 운영하는 경우도 있었어요.

게다가 복장별로 사용하는 언어도 조금씩 다르고, 공

장의 규모나 생산 방식도 아예 달랐습니다. 가령 니트나 우븐류는 창신동과 신설동의 작은 공장에서 생산하는 데 반해, 캐주얼은 한세실업이나 태평양물산과 같이 해외 공장에서 대량으로 제조하는 경우가 많습니다. 신발 또한 성수동 제화 공장에서 만드는 구두가 있는가 하면, 부산의 스포츠화 공장에서 만드는 운동화도 있었습니다. 대형 제조사의 경우 비용을 절감하기 위해 베트남이나 중국으로 공장을 많이 이전했는데, 요즘에는 국내 브랜드인데도 이탈리아 공장에 의뢰해 프리미엄으로 브랜딩하는 경우도 있습니다.

　남성복도 기성복이냐 맞춤복이냐에 따라 제작 방식이나 가격대, 제작 기간이 달라집니다. 같은 맞춤 슈트라 하더라도 반맞춤(접착식)과 비스포크(재단사가 사이즈를 측정해 재단한 패턴을 손바느질로 제작)로 나뉘고, 일반 국내 원단과 로로피아나, 스카발 같은 해외 원단은 가격 차이가 서너 배 이상 납니다.

　더욱이 시장은 빠르게 변화하고 있습니다. 과거에는 소공동과 같은 곳에서 50년 이상 영업해 온 기능 명장에게 맞춰 입는 것이 일반적이었으나 비앤테일러, 라끼아베, 반니비스포크, 사르토리아 준과 같이 해외에서 도제식으로 배우고 돌아온 젊은 테일러가 자신들의 스타일로 서비스를 하면서 세대교체가 서서히 진행되는 것으로 보입니다.

똑같은 분야에 종사하더라도 이렇게 다른 세계를 보며 일하는 곳이 브랜드입니다. 라이선스를 전문으로 하는 사람과 드레이핑을 잘하는 드레스메이커가 만난다면 두 사람이 나눌 수 있는 공감대는 별로 없을 것입니다. 두 산업에 필요한 기본기도 다를뿐더러 시장에서 요구하는 기준도 다르기 때문입니다. 시장의 구조나 기술은 꾸준히 변화하고 있고, 종류별로 이슈가 워낙 다양해서 모든 분야를 아우르는 전문가란 없다고 자신 있게 말할 수 있습니다.

최근에 만난 대형 패션사의 대표는 오히려 요즘은 무언가로 성공했다며 과거의 영광을 잊지 못하는 사람들이 성공할 가능성이 낮은 시장이라고 일갈했습니다. 과거와는 달리 작고 다양한 시장이 도처에 널려있고, 마케팅 툴도 많은 데다가 오프라인 매장 없이 온라인으로도 충분히 팔 수 있기 때문에 실무 감각과 창의력, 인적 네트워크만 있으면 젊은 세대가 훨씬 경쟁력이 있습니다. 최근 주목받고 있는 크리에이티브 분야에 젊은 CEO가 많다는 것이 이를 방증합니다.

똑같은 분야에 종사하더라도 다른
세계를 보며 일하는 곳이 브랜드다.

시장은 빠르게 변화하고,
모든 분야를 아우르는
전문가란 존재하지 않는다.

감각 지능은 타고나는 것일까?

수준 높은 감각과 남다른 취향은 과연 노력으로 얻을 수 있는 것일까요? 저는 이 질문을 늘 머릿속에 가지고 있어, 꽤 다양한 분야의 전문가로부터 다양한 답변을 들었습니다.

그리고 일정 수준까지는 학습으로 충분히 가능하다는 것이 그들의 공통적인 답변이었습니다. 럭셔리 브랜드 전문가 폴린 브라운Pauline Brown 또한 저서 《사고 싶게 만드는 것들》에서 안목, 다시 말해 미적 지능은 운동과 마찬가지로 타고나는 사람도 있지만, 결과적으로 수련하고 헌신하면 후천적으로 얼마든지 계발될 수 있다고 이야기합니다.

무엇보다 미적 지능은 우열의 경쟁이 아니라 다름과 차이의 문제입니다. 파인 다이닝을 주로 먹어 고급 플레이트에 익숙한 사람과 간편 조리식에 익숙한 사람이 프리미엄 푸드 브랜드를 론칭하거나 밀키트를 개발한다고 할 때, 둘은 각자의 전문 분야에서 능력을 발휘할 것입니다. 제각기 라이프스타일에서 발현할 수 있는 아이디어가 있고, 볼 수 있는 시장이 있습니다. 결국 각자의 구매력과 라이프스타일에 맞는 미적 지능은 따로 있다고 볼 수 있습니다.

관심과 경험도 중요한 요소입니다. 숨쉬기 운동만 하고 다이어트는 해본 적도 없는 사람이 스포츠웨어 브랜드를 론칭하고, 집에 디자이너 가구를 한 번도 들인 적이 없는 사람이 빈티지 가구 편집숍 MD로 제 역할을 할 수 있을까요? 너무나 당연하게도 해당 분야에 애정을 가지고 자주 경험하는 사람이 훨씬 더 깊이 몰입할 것입니다.

하지만 한편으로는 전혀 다른 관점과 접근 방법으로 다른 결과물을 만들어낸 사례가 도처에 있습니다. 안경을 한 번도 생산해 본 적 없는 사람이 아이웨어 브랜드를 론칭해서 큰 성공을 거두거나, 식음 공간에 대한 이해가 없던 사람이 업계에 혜성처럼 등장해서 놀라운 결과물을 만들어내는 일을 심심찮게 봅니다. 프레이그런스 시장에 멋지게 데뷔한 논픽션은 스튜디오 콘크리트 출신의 크리에이터가 론칭한 브랜드이고, 줄 서서 사는 원소주를 만든 박재범은 아이돌 출신의 래퍼였습니다.

창의적인 조직은 오래가지 않는다

《디자인》이나 《패션비즈》등의 매체에서는 매년 '올해의 브랜드' 또는 '올해의 디자인 스튜디오'와 같은 리스트를 발표합니다. 10년 전에는 어떤 브랜드와 스튜디오가 이름을 올렸는지 문득 궁금해서 내용을 찾아보니, 절반 이상은 없어졌으며 남아 있다고 해도 과거의 명성을 유지하지 못하는 경우가 대부분이었습니다.

별로 놀랍지도 않은데, 영화나 음악 산업에서도 10년 이상 명성과 팬덤을 유지한다는 것은 여간해서는 불가능한 일입니다. 저는 기본적으로 창의적인 개인은 오래 살아남을 수 있지만 창의적인 조직은 상대적으로 오래갈 수 없다고 생각합니다. 물론 미술이나 건축과 같은 예외적인 직종도 있습니다. 이러한 분야는 기술이나 표현 기법을 익혀 결과물을 완성해 나가는 과정 자체가 오래 걸리기 때문입니다.

크리에이티브 분야에서 짧은 시간에 쉽게 얻은 유명세는 그만큼 빨리 사라집니다. 그래서 천재적인 크리에이터는 애자일agile한 조직으로 일하고, 꾸준히 창의적인 팀으로 이동하며 활동 영역을 바꾸고자 노력합니다. 따라서 소규모로 팀을 이루어 작업 활동을 하는 경우가 많습니다.

가령 제가 존경하는 정구호 크리에이티브 디렉터가 쌓아온 커리어를 보면 정말로 다이내믹합니다. 파슨스 디자인 스쿨을 졸업한 뒤 그의 첫 경력은 패션이 아니라 그래픽디자인이었습니다. 그러다 돌연 요리를 공부하고 뉴욕에서 한식당 '세모네모'를 오픈했습니다. 그러다가 한국에서 브랜드 구호KUHO를 론칭하여 크게 성공합니다. 그 후 삼성의 패션 계열사에서 르베이지, 데레쿠니, 에피타프 등의 론칭에 참여하고 이후로는 영화 의상과 무대연출, 심지어 도자기와 가구도 디자인했습니다. 이제 세라젬과 안마 의자까지 디자인한다고 하니 그의 활동 영역은 도저히 종잡을 수 없습니다.

패션 분야의 크리에이터 중에는 이렇게 다양한 분야에 재주를 지닌 이들이 많은데, 칼 라거펠트 또한 다재다능함으로 유명한 대표적인 르네상스맨입니다. 영화를 만드는가 하면, 광고 기획도 맡아 진행했으며 샤넬 화보를 직접 찍는 등 사진과 그림에도 뛰어난 재능을 보였습니다. 출판사를 창립하고 서점을 열기도 했는데, 말년에 공개된 그의 집에는 25만여 권의 장서가 있었다고 전해집니다. 읽고 말할 수 있는 언어만도 6개 국어였다고 하며 일화에 따르면 프로급의 탱고 실력을 갖추고 있다고 하는데 이 정도면 과연 못하는 게 무엇이었을까 싶습니다.

와카스 아메드Waqas Ahmed는 저서 《폴리매스》에서 다양한 분야에서 높은 성취와 성과를 이뤄낸 사람들에 대해 이야기합니다. 그는 단순히 박학다식하고 다재다능한 것과 달리, '폴리매스'는 서로 연관이 없어 보이는 다양한 영역에서 출중한 재능을 발휘하며 방대하고 종합적인 사고와 방법론을 지닌 사람이라 설명하죠. 여러 역사적 위인을 예시로 드는데, 윈스턴 처칠Winston Churchill은 노벨 문학상을 수상한 위대한 문학가이자 100여 점의 유화를 남긴 화가, 그리고 또 군인이자 정치가로서 위상을 떨쳤으며, 시어도어 루스벨트Theodore Roosevelt는 경찰과 군인, 탐험가, 농부, 사냥꾼을 거쳐 미국 대통령이 되었고, 역대 미국 대통령 중 가장 많은 책을 출간한 대표적인 폴리매스였습니다.

아메드는 분업화와 전문화가 오히려 우리의 창의성을 제한한다며 폴리매스가 되어야 한다고 주장하는데, 저 또한 크리에이티브 분야에서의 실력은 종국에는 다재다능함으로 확대되어야 한다고 생각합니다. 크리에이터의 실력은 어느 수준까지는 깊이와 전문성이지만, 일정

범주를 벗어나면 다재다능함에서 차이가 나기 때문입니다. 물론 이는 무조건적으로 많이 알고, 먼저 아는 것과는 다른 이야기입니다.

크리에이터는 직업이 아닌 삶에 대한 태도다

누구나 크리에이터라는 표현을 사용하지만, 정작 그 의미를 명확히 아는 사람은 많지 않습니다. 가령 래퍼는 무엇을 하는 사람이고, 셰프는 무엇을 하는 사람인지 직업 이름만 들어도 쉽게 이해가 갑니다. 하지만 크리에이터가 무엇인지 설명하기는 쉽지 않습니다. 요즘 초등학생들의 희망 직업 1위라는 유튜브 크리에이터를 이야기하는 걸까요? 브랜드 및 디자인 스튜디오 등 크리에이티브 분야에서 일하는 사람들을 지칭하는 것일까요? 그렇다면 크리에이티브 분야란 무엇일까요? 이토록 설명하기 모호한 것은, 크리에이터는 애초에 직종이나 직업을 설명하는 용어가 아니기 때문입니다.

국내에서도 전시를 한 적 있는 헝가리 출신의 예술가 라슬로 모호이너지László Moholy-Nagy는 1947년에 발행한 저서 《움직임에서의 시각Vision in Motion》에서 "디자이너는 직업이 아닌 삶에 대한 태도다Designing is not a profession but an attitude"라고 설명한 바 있습니다. 크리에이터 또한 직업이 아닌 삶에 대한 태도입니다. 관습을 다르게 조직하고, 편집하고, 다른 분야의 사람들과 협업하여 많은 사람들에게 새로운 즐거움을 주려는 공리주의적이고도 박애주의적인 태도를 지닌 사람이라면 모두 크리에이터라고 할 수 있습니다.

그렇다면 크리에이터로서 취향과 안목을 키우기 위해서는 무엇을 해야 할까요?

Creator is not a profession but an attitude

크리에이터는 직업이 아닌 삶에 대한 태도다

첫 번째, 한 분야를 끝까지 가보기

가장 기본적이고도 중요한 것은 해당 분야의 최고를 직간접적으로 경험해 보는 일입니다. 요리를 하는 사람이 매일 분식집에서 떡볶이와 김밥만 먹는다면 미슐랭 스타급 셰프로 성장하기 어렵습니다. 옷의 경우에도 SPA 브랜드만 입어서는 결코 하이엔드 브랜드가 주는 느낌을 이해하기 힘들 것입니다. 학교의 교과과정을 따르듯 한 분야의 최고의 경지에 이른 결과물, 소위 클래식과 마스터피스를 하나씩 섭렵해 나가면 훌륭한 감각을 체계적으로 배울 수 있습니다.

뉴턴은 "내가 멀리 보았다면, 그것은 내가 거인의 어깨 위에 올라서 있었기 때문이다"라고 말한 바 있습니다. 앞선 거장들의 도움을 받은 덕분에 위대한 과학적 발견을 할 수 있었음을 겸손하게 인정하는 말입니다. 비슷하게 수십 년 동안 국립박물관에서 일해온 이내옥 관장은 저서《안목의 성장》에서 다음과 같이 이야기했습니다.

항상 유쾌한 (아소 갤러리의) 주인 아주머니는 평소 '논다'는 표현을 자주 쓴다. 그래서 그런지 꽃을 가지고 스스로 즐길 뿐 별다른 욕심이 없어 보인다. 아마도 이 세상을 떠날 때쯤이면, "한세상 잘 놀고 갑니다."라고 하지 않을까 생각된다. 공자가 말한 유어예游於藝의 실천이다. 한 평범한 주부로서 이렇게 뛰어난 안목에 이르게 된 배경이 궁금했다. 아주머니는 젊은 시절에 최고 수준의 것을 보고, 맛보고, 경험할 기회가 있었는데, 그때 안목이 트인 것 같다고 얘기했다.

두 번째, 스스로 평가의 기준이 되기

첫 번째 방법으로 차근차근 클래식과 컨템퍼러리를 섭렵한 뒤에는 본인만의 컬렉션 또는 큐레이션을 만들게 되는데, 이 과정이야말로 실력자로 거듭나기 위한 가장 중요한 단계입니다. 처음에는 남들의 취향에 따라 호오가 생겨날 수 있습니다. 그러다 좀 더 해당 분야를 알고 즐기다 보면 어느 순간에 서서히 좋아하게 되는, 심지어 추앙하게 되는 것이 생깁니다.

한 분야에 지식이 전무할 때는 뭐가 좋은지 안 좋은지조차 모르는 법입니다. 그래서 커피에 대한 감각을 키우고 싶다면 시중에 판매하는 다양한 커피를 마셔보면서 맛과 향을 비교한 뒤에 먼저 전문가들의 평가를 찾아보고, 차츰 자신의 느낌을 정리해 보면 좋습니다. 누군가는 스타벅스 원두를, 누군가는 블루보틀의 원두를 좋아하는데 우열의 문제는 아니고 취향의 문제인 경우가 많습니다. 자신의 기준으로 평가하다 보면 좀 더 깊이 고민하고, 집중하게 됩니다. 감각은 바로 이런 몰입의 과정에서 서서히 싹틉니다.

누군가가 제게 "어떤 화가를 좋아하세요?"라고 묻는다면, 옛날에는 고흐나 호크니 같은 유명 화가의 이름을 이야기했을 겁니다. 그보다 조금 더 지난 어느 시점에, 그러니까 남들보다는 미술을 조금 더 알게 되었다는 생각이 들었을 때는 윌리엄 아돌프 부게로William Adolphe Bouguereau나 제임스 티소James Tissot처럼 별로 유명하지 않은 화가들을 언급하며, 속으로 '이 화가 모르지롱?' 하며 우쭐해하던 시절이 있었습니다. 그리고 그보다도 더 많은 시간이 지나 다양한 그림과 전시들을 보고 비로소 저만의 취향이 완성된 후에는, 김환기와 박서보 화백이 좋다고 자신 있게 이야기하게 되었습니다.

저는 10년 정도 거치면서 미술에 대한 저만의 취향과 평가 기준을 완성한 것 같습니다. 커피도, 와인도, 음악도 이런 식으로 느리지만 어느 시점을 기준으로 문득 깨닫게 되는 순간이 옵니다. 츠즈키 쿄이치는 《권외편집자》에서 다음과 같이 이야기합니다.

> 미술이든 문학이든 음악이든 다른 사람의 평가에 의존하지 말고 자신이 직접 문을 두드리고 열어봐야 경험이 쌓인다. 그렇게 성공과 실패를 반복하다 보면 머지않아 주변의 의견에 흔들리지 않게 되고, '좋다'고 느낀 자신의 감각을 확신할 수 있는 날이 온다. 다양한 경험을 통해 남의 이야기에 휘둘리지 않게 자신을 다져나가는 과정은 무척이나 중요하다.

이처럼 타인과 미디어가 정해준 '좋은 것'에 대한 기준을 깡그리 무시하고 나만의 스탠더드를 하나씩 공고히 다져가는 작업을 해보면 좋습니다. 누군가에겐 벤츠보다 볼보가 좋은 자동차이고, 롤렉스보다 지샥이 더 좋은 시계일 수 있습니다.

특히 요즘처럼 광고와 뉴스의 경계가 없는 시대에서는 자본의 논리가 만들어낸 줄 세우기에서 벗어나는 것이 자존감을 유지할 수 있는 좋은 노하우가 아닐까 생각합니다. 책을 읽더라도 '나는 김영하', '나는 김애란'이라고 할 수 있는 확고한 취향이 자리 잡아야 고유한 관점과 문체, 관심사, 화두가 정해집니다. 여행을 가더라도 요즘 유행하는 여행지를 찾지 않고, 영화를 보더라도 천만 관객의 영화가 아닌 자신만의 기준 안에서 좋아하는 감독, 배우, 작가를 골라보는 것이 어떨까요? 옷을 살 때도 유행하는 스타일이 아닌 시그너처 룩을 만들기 위해 노력하는 것만으로 일상을 훨씬 특별하게 꾸려갈 수 있습니다.

세 번째, 소비에 실패하기

《논어》의 '옹야 편'에는 "알고 있는 사람은 좋아하는 사람만 못하고, 좋아하는 사람은 즐기는 사람만 못하다"라는 말이 있습니다. 다른 분야라면 모를까, 감각에 있어서만큼은 한 단계를 추가하고 싶은데 '돈 써본 사람'입니다. 한 분야에서 돈 좀 써본 사람의 경지는 정말 대단합니다. 제품을 구입한 사람들은 팔아본 사람이나 만든 사람보다도 더 정확하게 제품을 알고 평가합니다.

그래서 저는 친한 친구들에게 "너 요즘 어디에 제일 돈 많이 쓰냐?"라는 속물적인 질문을 종종 합니다. 그런데 여기서 중요한 것은 지출의 총액이 아니라 구성비입니다. 와인에 소득의 10퍼센트를 쓰는 사람과 1퍼센트를 쓰는 사람이 있다고 하면, 둘 다 100만 원을 지출했다 해도 전자가 더 진심인 편이라고 봐도 무방합니다. 글을 잘 쓰려면 책을 많이 읽어봐야 하고, 베이킹을 잘하려면 다양한 재료로 빵을 구워봐야 하고, 옷을 잘 입기 위해서는 여러 사이즈의 다양한 소재를 입어봐야 하는 것과 마찬가지입니다. 소비 실패를 반복하면 나를 좀 더 잘 이해하게 되고, 내가 좋아하는 것이 무엇인지 알 수 있게 됩니다.

패션 시장에서 미니멀이 유행하는 이유를 경기가 어려워 소비에 실패하면 안 되기 때문에 최대한 무난한 것을 구매하는 것이라 설명하는 사람들이 있습니다. 후기가 많아 검증된 제품으로 소비 실패의 위험을 줄인다는 것입니다. 실제로 많은 브랜드에서 옷 색깔을 검은색이나 하얀색 위주로 제작하고 있으며, 사이즈는 프리 사이즈로 통일하고, 과거 유행했던 것을 약간 변형해 출시하는 경우도 늘어난 것 같습니다.

하지만 랭킹에 따라 구매하고, 남들이 입는 브랜드를 따라 입는 것은 감각을 키우는 데 도움이 되지 않습니다. 아픈 만큼 성숙하고, 비 온 뒤에 땅이 굳는 것과 마찬가지로 소비 실패의 경험이 누적되어야 나의 취향이 굳고, 정말 좋아하는 것에 대한 판단 기준이 생기는 법입니다.

네 번째, 느낌을 언어로 표현하는 습관 기르기

감각과 취향을 얇고 뾰족하게 만드는 훈련은 미묘하고 예민한 상태의 감정을 언어로 표현하는 데서 출발합니다. 예컨대 새로 출시된 로에베 향수가 너무 좋다고 한다면, 요즘 유행하는 표현을 사용하지 말고 다양한 형용사와 부사, 비유와 은유를 통해서 표현해 보는 것입니다.

소셜미디어에는 예쁜 묘사와 형용사가 전무하고 '마약김밥'이나 '가성비갑' 등 유행어로 환유된 언어만 남용되는 느낌이 있습니다. 습관적으로 남들이 많이 쓰는 표현을 사용하는 대신 자신만의 언어로 표현하고, 단어들을 곱씹으며 선택하는 것은 무척 좋은 훈련법입니다. 물론 이런 표현에 익숙해지기 위해서는 기본적으로 향의 요소를 지칭하는 단어(머스크, 시트러스, 우디, 플로럴 등), 색을 지칭하는 단어(로열블루, 티파니블루, 스카이블루 등)를 알고 있어야 합니다. 따라서 해당 분야의 기본 언어에 익숙해지는 것이 아주 중요합니다.

보통 이런 표현은 패션 잡지에 자주 등장합니다. 텍스트보다 영상 매체에 익숙한 세대라 할지라도 여전히

272

생각을 정리하고 전달하는 과정에서 언어는 절대적으로 중요합니다. '언어의 한계가 사고의 한계'라는 비트겐슈타인의 명제와 마찬가지로 '언어의 한계가 감각의 한계'라는 생각을 자주 합니다. "이번 샤넬 크루즈 컬렉션 어땠어?", "새로 생긴 그 커피숍 분위기 어땠어?"라는 질문에 논리적인 인사이트를 전달하지는 못할지언정, 내가 느낀 감각만큼은 최대한 정확한 언어로 표현해 전달하는 것은 무척이나 중요한 일입니다.

언어화에 서툰 사람이 디자인 시안을 잡으면 "화려한 장식은 좀 넣어 주시면서 심플하게 해주세요"라며 모순된 지시를 던진다든가, "A사와 B사의 그 느낌 아시죠? 그렇게 해주세요"라는 등의 모호한 지침을 주어 결과적으로 뭐가 뭔지 알 수 없는 결과물이 나오게 됩니다.

좋아하는 향수의 향을
적절히 표현할 수 있는가?

자신만의 느낌을 적확한 언어로
표현하는 것은
감도를 높이는 첫걸음이다.

다섯 번째, 호기심을 가지고 새로운 공부해 보기

재즈에 한번 빠지면 스윙 재즈부터 라틴 재즈까지 파고, 페스티벌을 다니며, 책과 유튜브 등을 탐독해 아예 해당 분야를 섭렵하는 사람들이 있습니다. 스트리밍에서 무작위로 흘러나오는 '베스트 100 리스트'를 듣기보다는 하나의 장르, 하나의 작곡가, 하나의 뮤지션을 골라 깊게 파고들어 끝을 봐야 직성이 풀리는 사람들이 있죠. 이들은 금세 높은 수준의 지식을 얻어 동호회나 카페의 리더급 경지에 이르고, 머지않아 취미로 시작한 것을 업으로 발전시킵니다.

어떤 분야든 초심자가 공부하지 않고 거장의 작품에 순수하게 감동받기란 쉽지 않습니다. 처음에는 미술사가들이 아무리 〈모나리자〉가 훌륭한 작품이라 해도 도저히 이해하지 못하고, 쇼팽의 클래식이 왜 감동을 주는지 잘 알지 못합니다. 하지만 그 답을 찾기 위해 공부를 하는 과정에서 우리의 오감은 새로운 세상을 향해 열정적으로 나아가게 됩니다. 반복해서 듣고 보고, 해설과 주석을 읽다 보면 어느 순간 비로소 '아, 사람들은 이런 느낌을 좋아하는 걸까?'로 시작해 '이렇게 감동적인 작품이라니!'라고 느끼고, 너무 좋아하게 된 나머지 주변에 '○○ 전도

사'가 되어 열변을 토하는 자신을 발견하게 됩니다.

출근길 지하철 광고를 보면서 감동받거나, 집 앞 슈퍼에서 우유를 사면서 영감이 떠올라 메모를 하는 일은 좀처럼 없습니다. 하지만 해외여행 중에 마주치는 지하철 광고 문구와 슈퍼마켓 선반의 이국적인 아이템은 호기심을 자극합니다. 원래 감각이라는 것은 새로운 길을 걷고 새로운 자극을 받아들이는 과정에서 스파크가 일어나는 것입니다. 세상을 흥미롭게 바라보고 모르는 분야를 공부하는 것은 감각을 일깨워줍니다.

익숙하지 않은 곳에 자신을 몰아넣으면 감각이 서서히 반응하는 것을 경험하게 될 겁니다. 새로운 식당에서 처음 보는 메뉴를 시도하는 일, 처음 만난 사람과 새로운 분야에 몰입하는 일. 일상의 사소한 도전이 모여 새로운 관점과 느낌을 가지게 됩니다.

여섯 번째, 진짜 좋아하는 분야 찾아보기

유홍준 교수는 《명작순례》에서 안목에 관한 흥미로운 사례를 소개합니다. 그는 안목을 기르는 데 명작을 많이 대하는 것보다 좋은 방법은 없다고 이야기합니다. 여기에 한 가지 덧붙이자면 안목 높은 사람들이 작품을 보는 법을 자신의 시각과 비교해 보는 것이며, 최선의 지름길은 좋은 작품을 좋은 선생과 함께 보는 것이라 설명합니다.

저 또한 큰 틀에서 이에 동의합니다. 특정 분야에 대해 더 많이, 더 오래 고민한 사람을 찾아가서 배우는 것만큼 관점을 키우는 확실한 방법은 없습니다. 특히 미감을 다루는 일은 텍스트나 영상만으로 배우기 어렵기 때문에, 도예나 미술, 패턴, 염색과 같은 분야는 오래전부터 공방의 규모로 운영되며 스승이 제자에게 기술을 사사해 왔습니다. 현대에는 보통 유튜브나 인터넷 강의 플랫폼으로 학습이 이루어지지만, 여전히 직접 좋은 선생과 대화하고 고민해 보는 것 이상의 배움은 없습니다.

명작을 많이 대하고, 선생을 찾아 공부하기 위해서는 결국 '진짜 좋아하는 일'을 해야 합니다. 한 분야에서 뛰어난 안목과 감각을 갖추기 위해서는 오랜 시간 돈과 시간을 쏟아부어야 하는데, 여간 좋아해서는 꾸준히 할 수 없습니다. 억지로 좋아하려고 노력해 봐야, 억지로 공부하려고 해봐야 잘 되지 않습니다.

자신은 좋아하는 것이 없거나, 무엇을 공부하고 싶은

지 모르겠다고 생각할 수 있는데, 너무 거창하게 생각하기 때문일 수도 있습니다. '냉면', '필기구'와 같이 사소한 것에서부터 진짜 좋아하는 것을 찾아보세요. 좋아하는 것에 꾸준히 관심을 가지다 보면 부지불식간에 감각과 안목이 생겨나고 해당 분야의 전문가가 됩니다.

저의 노하우를 하나 소개하자면 어떤 분야에 대해 전문가라고 스스로 떠벌리는 것 또한 좋은 방법입니다. 일본에서 광고 기획자로 유명한 구노스키 켄은《좋을 대로 하라》에서 전문가의 삶은 자기 선언으로 시작된다고 이야기합니다. 자기소개를 할 때 일부러 '사진을 좋아합니다'라고 이야기합니다. 그리고 인스타그램 프로필에 '아마추어 포토그래퍼'라고 적어놓는 거예요. 그렇게 떠벌리고 다니면 자존감을 보호하기 위해서라도 좋은 사진을 찍도록 노력하게 됩니다. 유명한 작가의 전시가 있으면 한 번 더 보게 되고, 니콘에서 신상품 카메라가 출시되면 주변에서 한 번 더 알려줍니다. 진짜 좋아하는 '척'하다 보면 어느 순간 진짜 좋아하게 될 수도 있습니다.

잡지는 취향에 대한 라이선스

출판의 종말을 쉽게 이야기하는 사람들이 있습니다. 그들은 잡지는 사양산업이며, 요즘 잡지를 돈 주고 읽는 것은 어리석은 일이라고 합니다. 하지만 저는 잡지에 대한 열정과 관심을 놓아본 적이 없고, 지금도 종종 대형 서점 매대에 놓인 잡지의 헤드라인과 커버 모델을 보며 시간을 보냅니다. 심지어 어느 회사든 제대로 브랜딩하기 위해서는 잡지가 하나쯤은 있어야 한다고 생각합니다.

잡지는 수년간 형식이나 시장이 조금 바뀌었을 뿐 여전히 인쇄 매체 중 가장 매력적이고, 많은 산업에서 트렌드의 바로미터 역할을 하고 있습니다.

일본에서 시작해 한국에서도 유행하는 '시티보이 룩'은 원래 일본 잡지 《뽀빠이POPEYE》의 스타일리스트였던 하세가와 아키오長谷川昭雄가 만든 룩이라고 알려져 있습니다. 당시 아이비리그 스타일을 박시하게 연출하며 약간의 트위스트를 주기 시작했는데, 이후 나나미카, 더블탭스와 같은 캐주얼 브랜드와 협업하며 하나의 시그너처 룩이 되었습니다. 한국 캐주얼 시장에도 큰 영향을 준 트렌드가 바로 그의 취향에서 시작된 것이라 해도 크게 틀리지 않을 듯합니다.

셀렉트

잡지의 편집장이나 에디터가 지닌 감도 높고 예리한 관점과 그것이 반영된 화보는 언제나 새로운 비전을 보여주고 새로운 미감에 대한 공감대를 형성해 왔습니다. 우리는 《더 플랜트The Plant》를 보며 새로운 크리에이티브의 조경을 맛보고, 《킨포크Kinfolk》를 통해 북유럽 휘게 라이프스타일을 경험하며, 《모노클Monocle》에서는 젠틀하고 위트 넘치는 남성의 이미지에 도취되곤 합니다. 언제나 새로운 유행을 가장 먼저 예견하고 화두를 던진 것은 매거진 저널리즘이었습니다.

이러한 잡지들이 제시한 라이프스타일은 실제로 킨포크적인 룩, 모노클적인 삶을 우리 일상에서 좀 더 자주 볼 수 있게 해주었습니다. 누군가는 이들은 이제 인테리어 소품으로 활용될 뿐, 실제로 정독하는 독자는 거의 없다고 이야기하기도 합니다. 하지만 카페 인테리어용으로, 오프라인 매장의 비주얼 머천다이징 소품으로 자주 쓰인다는 것 자체만으로 잡지가 제안하는 콘셉트가 많은 사람에게 영감을 주고 공감받았다고 할 수 있습니다. 그런 의미에서 잡지를 돈 주고 사서 읽는 것은 해당 분야의 라이선스를 발급받은 것과 같습니다.

많은 잡지가 장기 휴간에 들어가거나, 폐간하는 사례

가 이어지고 있지만, 앞으로도 잡지의 위상과 중요도는 유효하다고 자신 있게 말할 수 있습니다. 물론 예전《보그》편집장이었던 애나 윈터가 고른 제품이 세계적인 유행을 만드는 '셉템버 이슈September issue'식의 절대적인 영향력은 사라졌을지언정 유튜브를 통해, 패션 위크를 통해 새롭고 다양한 방식으로 영향력을 행사할 것입니다.

그 변화를 짐작할 수 있는 상징적인 사건은 바로 2021년 중국《보그》편집장으로 에디터 경력이 없는 1993년생 인플루언서 마거릿 장Margaret Zhang이 발탁된 것입니다. 영상 매체에 친숙한 MZ 세대에게 새로운 비전을 제시하기 위한, 그리고 점점 이탈해 가는 젊은 독자를 다시금 사로잡기 위한 파격적인 인사였습니다. 패션뿐만 아니라 많은 분야에서 잡지는 가장 혁신적인 시도를 보여주며 시대의 변화에 생생한 주장을 전합니다.

국내 시장에서도 분야가 한정되었던 과거와 달리 대형 서점 정기간행물 코너에 가보면 다양한 판형의 차별화된 독립 매거진이 많이 나와 있습니다. 국내외 작가들의 사진 작품을 소개하는《보스토크Vostok》와 과학 잡지《스켑틱Skeptic》, 여성의 눈으로 새로운 가치를 읽어내는《우먼카인드Womankind》, 문학 잡지《릿터Littor》, 도시의 라이프스타일을 제안하는《어반라이크Urbanlike》와 같은 다양한 잡지를 어렵지 않게 만날 수 있죠. 표지까지 아름다운 이들 잡지를 볼 때면 이제 정말로 개개인의 취향이 이렇게나 세분화되었고, 기호가 다양화되었다는 것을 실감합니다.

대체로 한 분야에 꾸준하게 관심을 가져온 사람들은 생각과 담론을 공유하는 자신만의 통로가 있습니다. 온라인 커뮤니티일 수 있고, 네이버 카페나 게시판일 수도 있지만 저의 경우 바로 잡지입니다. 특히《보보담》과《시리즈》,《월간 한옥》과《월간 디자인》,《행복이 가득한 집》과 일본 잡지《카사 브루터스CASA BRUTUS》는 꾸준히 영감을 받는 매체입니다. 저와 같이 소극적이고 여러 사람을 만나서 논쟁하는 것을 싫어하는 성향이면, 취향과 안목을 키우는 데 잡지 이상의 대안이 없습니다.

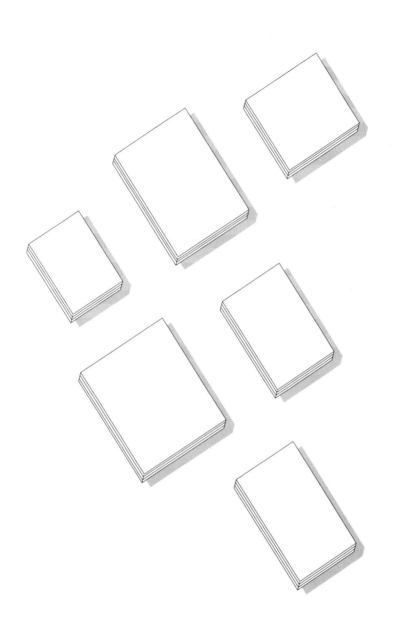

다양한 판형에 다양한 주제로 출간된
잡지는 취향의 세분화와
기호의 다양화를 알리는 지표다.

보통 사람의 패션쇼와 콘셉트카 감상법

백화점 입사 초기 가장 의아했던 것은 패션쇼를 왜 하는가, 라는 의문이었습니다. 광고를 전공한 제 눈에도 저렇게 수억 원을 쏟아가며 입을 수조차 없는 옷을 만드는 것이 무척이나 이상해 보였습니다. 훨씬 적은 비용으로 더 효과적인 광고 효과를 누릴 수 있을 텐데, 저들은 대체 왜 수십 명의 모델을 섭외하여 엄청난 규모의 공간을 대관하고, 잡지사 관계자와 연예인을 초청해 거대한 쇼를 하는 것일까요? 그리고 패션을 잘 알지 못하는 사람들은 어떤 포인트를 감상하면 좋은 것일까요?

모델이 긴 무대를 걸어 나오는 패션쇼가 큰 이벤트로 자리 잡은 데는 1990년대 슈퍼모델 붐의 영향이 컸습니다. 할리우드 영화 및 미국 패션 잡지의 보급과 함께 키 큰 미국 모델이 전 세계로 퍼졌죠. 당시 유행했던 슈퍼모델이라는 단어는 거액의 광고료를 받고 화장품 및 패션 브랜드의 모델로 활약하며 생긴 신조어였습니다. 물론 그전에도 패션쇼는 있었지만 저와 같은 대중이 텔레비전과 잡지로 패션쇼를 보기 시작한 것은 이때부터였습니다.

패션쇼는 통상적으로는 20분 내외로 끝나지만, 무대 설치부터 의상 제작까지 합치면 200명 이상의 인력이 수

개월 동안 투입되는 거대한 프로젝트입니다. 한 번의 패션쇼를 위해서는 수억 원의 비용이 들기 때문에 매년 패션쇼를 할 수 있는 브랜드는 전 세계에 몇 개 되지 않습니다. 그 때문에 우리가 일반적으로 보는 패션쇼는 전 세계에서 가장 유명한 브랜드의 반열에 든 일부일 뿐입니다.

패션쇼에는 보통 입을 수 없는 옷 혹은 예쁘지 않은 옷을 선보입니다. 흔히 말해 '줘도 안 입을' 옷을 천재적인 디자이너들은 왜 만드는 것일까요? 저는 자동차로 비유하면 콘셉트카를 선보이는 순간이라고 생각합니다. 미래 시점의 미적 요소와 기능적인 요소를 추상으로 표현하는 것입니다. 선보이는 당시에는 손에 잡히지 않을 수 있지만, 시간이 지나면 현실과 교감하면서 인지하지 못하는 사이에 다가옵니다. 마치 10년 뒤에는 우리가 화상통화를 할 거야, 손목시계로 심전도를 측정할 거야 등 막연히 상상했던 일들이 시간이 지나면 이루어지는 것과 같은 이치입니다.

디자이너는 패션쇼에서 내일 당장 우리가 입을 옷이 아니라 콘셉트와 비전을 보여줍니다. 당장 입을 옷들은 그냥 매장에 갖다 놓으면 됩니다. 일반적으로 패션쇼는 두 시즌 이후의 것을 보여주는데, 1년 뒤의 미래라고 보면 얼추 맞습니다. 그래서 저걸 누가 입어, 라는 회의적이고 비판적인 자세보다는 열린 마음으로 보면 훨씬 즐겁습니다.

그 뿐만 아니라 의상 이외의 것에도 관심을 가지며 본다면 훨씬 더 흥미로운 요소를 많이 발견할 수 있습니다. 어떤 음악을 쓰는지(샤넬 2021 봄/여름 컬렉션에는 신중현의 음악 〈햇님〉이 사용되었습니다), 어느 장소에서 하는지(펜디 2008 봄/여름 컬렉션은 만리장성에서 진행되었습니다) 또한 무척 흥미로운 포인트입니다. 심지어 인비테이션을 어떻게 디자인했는지, 어떤 모델이 등장하는지, 혹은 패션쇼 맨 앞줄(프런트로)에는 누구를 초대했는지와 같은 것을 유심히 보아도 디자이너와 디렉터의 취향과 관심사, 마케팅 포인트 등을 읽어낼 수 있습니다. 각자의 관심사에 따라 다양하게 바라보면 또 다른 재미를 찾아낼 수 있을 것입니다.

하물며 동네 치킨집도, 카페도 저렇게 예쁘고 멋진 시대

예전에는 은퇴하고 퇴직금으로 카페나 치킨집을 하는 게 일반적이었지만 요즘은 그런 이야기조차 쉽게 하지 못합니다. 소비자의 기준이 높아지며 치킨에 대한 자영업자들의 전문 지식이나 서비스 노하우, 마케팅 지식이 크게 발전해 진입 장벽이 높아졌기 때문입니다. 다들 어디서 그렇게 좋은 감각을 길렀는지 요즘은 동네 가게도 유니폼, 간판, 메뉴판 디자인이 하나같이 훌륭합니다.

빅데이터 전문가 송길영 소장은 누구나 대체될 수 있는 평균적인 일은 이제 인공지능으로 대체된다고 이야기했습니다. 마찬가지로 이제 평균적인 가게는 모두 표준화된 형식의 프랜차이즈로 대체될 것입니다. 그래서 이제는 정말로 한 분야를 깊이 공부하고 수련한 사람만 자영업의 세계에서 살아남을 수 있습니다.

대학교 과제도 거뜬히 해내며 단편소설 하나를 뚝딱 만들어내는 챗GPT와 몇 가지 키워드를 입력하면 일러스트를 만들어주는 노벨AI 등 미처 예상하지 못했던 분야에서 기술의 발전이 두드러지고 있습니다. 이로 인해 작가나 일러스트레이터의 생계가 위협받을 것이라 예견하는 이도 많습니다.

그러나 저의 생각은 다릅니다. 디지털카메라가 나오면서 좋은 사진, 좋은 이미지에 대한 대중의 감각 수준이 향상된 것과 같이 앞으로는 훨씬 더 높은 수준의 일러스트와 그래픽 작업물이 시장에서 평가받게 될 것입니다.

창작의 영역이 일상의 영역으로 옮겨 가며 일반인도 유명한 AI 일러스트 프로그램과 작가들의 이름을 외울 수 있을 정도로 대중화될 거예요. 그렇기에 오히려 전문가의 영향력이 증대되고, AI보다 높은 수준의 창작 활동이 선택받을 것입니다.

지금부터 차근차근 안목을 훈련하고, 감각을 함양하고, 폭넓은 호기심으로 다양한 분야를 접해야 합니다. 평균 수명 100세 시대에 우리가 지켜야 할 것은 건강 이외에 감각과 안목도 있다는 사실을 잊지 말길 바랍니다.

챗GPT, 노벨AI의 시대에는
높은 수준의 창작 활동이 선택받는다.

평균 수명 100세 시대,
우리가 지켜야 할 것은
건강뿐만 아니라 감각과 안목이다.

지속 가능한 크리에이티브를 위하여

　한동안 '진정성', '공감'이라는 키워드가 자주 오르내린 데 이어 최근에는 '공정'이 중요한 화두로 부각하고 있습니다. 사회가 개인에게 기대하는 가치가 감정적인 영역에서 도덕적이고 윤리적인 영역으로 확대되고 있습니다. 개인의 도덕성과 브랜드의 윤리성에 관련된 문제가 꾸준히 뉴스를 통해 제기됩니다.

　앞으로 도덕성과 공정성, 선한 영향력이라는 이슈는 모든 브랜드와 크리에이티브 분야에 종사하는 개인에게 엄격하게 적용될 것입니다. 실제로는 친환경적이지 않은데 친환경 경영을 하는 것처럼 홍보하는 '그린 워싱green washing'은 소비자의 몰매를 맞고 있습니다. 캡슐 커피 브랜드 네슬레는 커피 캡슐을 수거해 재활용하는 행사를 진행했으나, 결과를 제대로 공개하지 않고 오히려 판매를 촉진함으로써 더 많은 알루미늄과 이산화탄소를 배출했다고 비판받은 바 있습니다. 지속적으로 친환경 캠페인을 전개하는 H&M도 친환경 라벨을 붙인 의류 중 일부가 실제로 친환경 기준을 충족하지 못하며, 정보 공개가 미흡하다는 이유로 비판받았습니다. 코카콜라도 2022년 27차 유엔 기후변화 협약 당사국 총회 후원사로 참여했지만, 연간 1200억 개에 달하는 일회용 플라스틱병을 생산하면서 허울뿐인 친환경 마케팅을 전개한다는 논란에 휩싸였습니다.

이제 소비자는 단순히 겉으로만 친환경과 지속 가능성을 표방하는 브랜드에 호응하지 않습니다. 국내 최초 비건 화장품인 멜릭서를 출시한 이하나 대표는 "개인적인 생활 및 회사 경영에 있어서도 자연과 함께하며 안전하고 건강한 삶의 가치를 최우선으로 내세운다"고 이야기한 바 있는데 앞으로 브랜드가 나아가야 할 방향성을 함축하는 말입니다.

결국 겉으로 보이는 모습뿐만 아니라 진짜 브랜드의 가치와 브랜드를 이루는 개개인의 모습 또한 수준 높은 감수성으로 완성되어 있어야 한다는 이야기입니다. 감각과 취향, 전문성 이외에도 수준 높은 감수성 또한 일종의 실력인 것입니다.

그렇다고 해서 타인의 눈치를 보며 사회적 기준에 맞추어 창작열을 옥죄고 억누른다면 새롭고 남다른 관점을 형성하기 어려워집니다. 그래서 양극단 어디에도 치우치지 않는 자신만의 선하고 올바른 태도를 견지할 필요가 있습니다. 너무 움츠러들고 주눅 들 필요는 없습니다. 우리 사회는 미래를 위한 가치에 대해서는 예민하게 반응하며 지키고자 하지만, 동시에 다양성과 예술성에 대해서는 개방적인 방향으로 발전하고 있으니 말입니다.

미래를 위한 가치는
예민하게 지키고,
다양성은 개방적으로
허용한다.

공정성과 다양성의
조화가 선택받기 위한
핵심 요소다.

감각과 취향은
우리를 좋은 곳으로 데려가준다

"좋아하는 일을 하세요"

지금까지 선택받는 브랜드 혹은 개인이 되기 위한 일곱 가지 감각을 이야기했습니다. 그런데 이 일곱 가지 전략에는 전제가 있습니다. 바로 좋아하는 일을 하는 것입니다.

《슬램덩크》에서 제가 제일 좋아하는 장면은 주인공 강백호가 고백하는 장면입니다. 1권에서 채소연에게 "농구를 좋아하느냐"라는 질문을 받은 그는, 마지막 31권에서 비로소 대답합니다. "정말 좋아합니다. 이번엔 거짓이 아니라고요."

이 장면에 특별히 감동받은 이유는, 강백호가 심각한 부상을 감수하면서까지 투지를 불태울 수 있었던 이유를 한 장면으로 설명해 주기 때문입니다. 한편으로는 지금의 저를 있게 한, 제가 학창 시절부터 진심으로 좋아했던 것들이 떠오르기 때문입니다.

10대에 저는 패션을 좋아했습니다. 집에는 늘 패션 매거진이 가득했고, 스케이트보드를 타고 힙합 음악을 들으면서 친구들과 주말마다 옷을 사러 동대문과 이태원을 자주 다녔어요. 그렇게 취업 시즌이 되어 고민 끝에 의류 제조사나 패션 매거진이 아닌 백화점으로 진로를 선택했고, 오랜 준비 끝에 국내 시장점유율 1위 백화점에 입사했습니다.

하지만 제가 맡게 된 보직은 패션과 브랜드와는 크게 관계가 없는 업무였어요. 열심히 했지만 온전히 집중할 수 없었고, 결국 보직 변경을 요청했습니다. 패션 스쿨을 나온 것도, 의류학을 전공한 것도 아니었기에 어려울 것이라 생각했는데, 웬일인지 직매입 바이어로 이동하게 되었습니다.

이후 믿음에 보답하기 위해, 그리고 좋아하는 일을 하게 되었다는 기쁨에 저만의 방법으로 열심히 업무를 익혀 수년간 브랜드 개발 및 상품 바잉, 매장 관리 직무를 수행했습니다. 조직도 점점 커졌고 표창도 많이 받았으니 실력과 평판도 그리 나쁘지 않았던 것 같아요. 이후 신문사 인터뷰도 하게 되고, 이직 제안도 받게 되며 점점 업무에 자신이 생겨났습니다. 그렇게 시간이 흐르다 보니 이번에는 완제품을 바잉하는 것이 아니라 직접 브랜드와 콘텐츠를 만들고, 기획하는 일을 하고 싶어졌죠. 결국 10여 년간의 백화점 생활을 정리하고 국내 굴지의 패션 회사로 이직했습니다.

지금도 저는 여전히 좋아하는 것들에 둘러싸여 하루하루를 보냅니다. 언젠가 홀로 동네 산책을 하던 중 지나가던 행인이 제게 인사를 했습니다. 혹시나 제가 몰라본 걸까 싶어 실례를 무릅쓰고 누구신지 여쭤보니, "인스타 잘 보고 있어요"라고 웃으며 가시더군요. 그렇게 2주가 흘러, 그분에게 온라인으로 분재 브랜드를 론칭했는데 선물로 하나 주고 싶다는 다이렉트 메시지를 받았습니다. 저 또한 분재에 관심이 많아 이것저것 여쭤보기 위해 재동 골목의 찻집에서 만났고, 한 시간 정도 분재와 공예, 브랜드에 대해 열띤 토론을 나누었습니다.

제게는 최근 수년 사이 감성과 감각을 교류하는 만남이 잦아지고 있습니다. 한옥에서 나고 자란 저는 직접 고쳐 '하연재'라 이름 붙인 한옥에서 사는 일상을 소셜미디어를 통해 공유하고 있는데, 덕분에 다양한 매체와 인터뷰를 했고, 《월간 한옥》이라는 매거진에서 원고 청탁을 받기도 했습니다. 3대째 막걸리 주조를 하는 양조장에서 론칭한 브랜드의 대표와 저녁 식사를 가진 적도 있습니다. 앞으로도 또 어떤 분야의 어떤 분과 만나게 될지 하루하루가 기대되고 설렙니다. 요즘처럼 취향과 관심사가 세분화된 때 누군가를 만나 고유한 브랜드와 콘텐츠 이야기를 듣는다는 것은 정말 흥미로운 일이니까요.

좋아하는 일을 하는 것, 또 좋아하는 것을 적극적으로 공유하는 것은 예상치 못한 기회를 가져다줍니다. 감각과 취향은 우리를 좋은 곳으로 데려간다는 것이 저의 신조입니다.

특별한 취미가 없고, 좋아하는 뮤지션도 없고, 즐겨 보는 프로그램도 없고, 잘하는 요리도 없는 사람이 매력적으로 보이긴 정말 어렵습니다. 상대의 관심사와 취향, 기호를 절묘하게 맞추는 큐레이션 능력은 지금 매력을 가장 잘 어필할 수 있는 방법입니다.

잘하는 것도 없고, 좋아하는 게 뭔지도 모르겠다고요? 괜찮습니다. 일단 좋아하고 싶은 분야가 있다면 일단 좋아하는 척 주변에 떠벌리고 다니세요. 1년 정도 꾸준히 떠벌리고 나면 더 많이 알게 되고, 더 깊이 느끼게 되고, 그러다가 진짜 좋아하게 될지도 모릅니다. 새로운 모임에도 나가보고, 이것저것 새로운 것들을 소비해 보세요. 가보지 않았던 지역에 가서 몰랐던 가게에 들어가 보세요. 팔로잉하는 지인의 취미에 대해서 더 궁금해하고, 그가 올린 영상을 더 응원해 주고, 새로 전시를 한다면 메시지도 보내보세요.

앞으로 다가올 시대는 조금 과장하면 '감각과 취향의 시대'가 될 것이라 생각합니다. 자산 시장의 거품이 커지던 시기 투자법에 대한 언급이 많았다고 하면, 앞으로 다가올 버블이 꺼져가는 저성장 국면에서는 각자의 감각과 감성을 잘 계발하는 것이 삶을 훨씬 더 풍요롭게 하는 방법입니다. 숫자로 증명되는 세계는 상대적 우위가 행복과 슬픔을 결정한다는 한계가 있습니다. 그러나 감각과 취향이 자본인 시대에는 경쟁을 통한 승자 독식이 아니라 다름을 인정하는 공생이 가능하기 때문에, 삶을 보다 풍요롭게 꾸려갈 수 있습니다. 최근 전시 티켓이 매진되고, 클래스를 수강하며 취미를 배우는 사람이 늘었다는 것은 Z 세대를 중심으로 사회의 가치가 변화하고 있다는 사실을 보여줍니다.

여러분이 모쪼록 각자 좋아하는 일을 하며, 각자의 아름답고 풍성한 고유의 색깔을 바탕으로 많은 이들의 선택을 받는 사람이 되었으면 좋겠습니다.

부족하지만 정성 들여 쓴 첫 번째 책의 원고를 마치니 감사한 사람들이 떠오릅니다. 어려서부터 늘 좋은 것 먹이고 입히며 사랑으로 길러주신 어머니와 아버지. 하루가 다르게 다양한 아름다움의 세계로 나를 안내하는 영원한 뮤즈 이소영 님. 그리고 저를 믿고 늘 응원해 주신 장인, 장모님. 그리고 회사에서 10여 년간 저를 가르쳐주시고 응원해 주신 롯데백화점 선배, 동기분들, 그리고 S그룹 경력직 2023 입사 동기들. 감사드립니다. 이 책이 나오기까지 많은 영감을 주신 디자이너와 디렉터, 그리고 블로그, 인스타그램, 유튜브에서 활동하시는 모든 크리에이터분들. 오래도록 즐겁게 활동하며 건강하시길 바랍니다.

참고 문헌

1/7 SENSITIVITY 차이는 숫자로 만들어지지 않는다

1. 짐 콜린스, 이무열 옮김, 《좋은 기업을 넘어 위대한 기업으로》, 김영사, 2021.
2. 스티븐 레빗·스티븐 더브너, 안진환 옮김, 《괴짜 경제학》, 웅진지식하우스, 2007.
3. Robert A. Lutz, 《Car Guys vs. Bean Counters: The Battle for the Soul of American Business》, Portfolio, 2011.

2/7 CULTURE 브랜드로 자신을 설명하는 사람들

1. 김보람, 〈"김창수 모셔라"…위스키 열풍에 차별화 찾는 유통업계〉, 《매경헬스》, 2023년 2월 18일.
2. 김용섭, 《라이프 트렌드 2020: 느슨한 연대 Weak Ties》, 부키, 2019.
3. 세스 프라이스, 이계성 옮김, 《세스 프라이스 개새끼》, 작업실유령, 2021.

3/7 COMMERCE 100가지 유행이 공존하는 평균 실종의 시대

1. 김정운, 《에디톨로지》, 21세기북스, 2014.
2. 팀 페리스, 박선령·정지현 옮김, 《타이탄의 도구들》, 토네이도, 2022.

4/7 DETAIL 사람들이 모르는 것부터 바꾼다

1. 데이빗 프랭클, 〈악마는 프라다를 입는다〉, 2006 중에서
2. 자크 페레티, 김현정 옮김, 《세상을 바꾼 10개의 딜》, 문학동네, 2022.
3. James Parkes, 〈Peter Saville updates Ferragamo brand identity with custom typeface〉, 《dezeen》, 2022년 9월 29일.
4. 하라 켄야, 유튜브 채널 〈Xiaomi〉, 'Xiaomi x Kenya HARA: Alive' 중에서
5. 타이포그래피 서울, 〈20세기 타이포그래피의 대가, 얀 치홀트의 '사봉(sabon)'〉, 《디자인정글》, 2015년 9월 17일.
6. 황지혜, 〈대리석은 신이 그린 그림이다〉, 《네이버 디자인프레스》, 2023년 1월 18일.

5/7 CLASSIC 트렌드보다 오래가는 것을 선택한다

1. 권용식, 《마이 디어 빈티지 My Dear Vintage》, 몽스북, 2021.
2. 구리노 히로후미, 이현욱 옮김, 《트렌드 너머의 세계》, 컴인, 2022.
3. 강준만·오두진, 《고종 스타벅스에 가다》, 인물과사상사, 2009.
4. 김정근, 〈한국 혼수와 혼례가구의 구입 실태 및 전망〉, 《한국가구학회지》 제12권 제1호, 2001년 6월.
5. 국가지표체계, 〈1인가구비율〉, https://www.index.go.kr/unity/potal/indicator/IndexInfo.do?popup=Y&clasCd=2&idxCd=5065
6. 국가지표체계, 〈합계출산율〉, https://www.index.go.kr/unify/idx-info.do?idxCd=5061

6/7 LOCAL 지역과의 케미스트리를 활용한다

1. 박세미, 〈과거가 미래에 건네줄 풍경: 설화수 북촌 플래그십 스토어 + 오설록 티하우스 북촌점〉, 《공간 SPACE》 651호, 2022년 2월.
2. Richard Florida, 《The Rise of the Creative Class》, Basic Books, 2014.
3. 김정후, 《런던에서 만난 도시의 미래》, 21세기북스, 2020.
4. LS 네트웍스, 《보보담》, https://www.lsnetworks.com/html/pr/bobodam.asp
5. 코오롱 인더스트리 FnC, 《시리즈 Series》, https://www.byseries.com/Main/ContentCategory/MAGAZINE/all
6. 모종린, 《골목길 자본론》, 다산북스, 2017.

7/7 ATTITUDE 안목과 취향을 훈련한다

1. 폴린 브라운, 진주 K. 가디너 옮김, 《사고 싶게 만드는 것들》, 알키, 2022.
2. 와카스 아메드, 이주만 옮김, 《폴리매스》, 안드로메디안, 2020.
3. László Moholy-Nagy, 《Vision in Motion》, Paul Theobald & Co; First Edition, 1947.
4. 이내옥, 《안목의 성장》, 민음사, 2018.
5. 츠즈키 쿄이치, 김혜원 옮김, 《권외편집자》, 컴인, 2017.
6. 유홍준, 《명작순례》, 눌와, 2013.
7. 구스노키 켄, 노경아 옮김, 《좋을 대로 하라》, 미래지향, 2020.

사진 출처

셀렉트

초판 1쇄 발행 2023년 5월 8일
초판 3쇄 발행 2024년 2월 5일

지은이 여병희
펴낸이 권미경
편집장 이소영
기획편집 이정주
마케팅 심지훈, 강소연, 김재이
디자인 THISCOVER
펴낸곳 (주)웨일북
출판등록 2015년 10월 12일 제2015-000316호
주소 서울시 마포구 토정로 47, 서일빌딩 701호
전화 02-322-7187 **팩스** 02-337-8187
메일 sea@whalebook.co.kr **인스타그램** instagram.com/whalebooks

소중한 원고를 보내주세요.
좋은 저자에게서 좋은 책이 나온다는 믿음으로, 항상 진심을 다해 구하겠습니다.